お母さんのための
アンガーマネジメント入門

子育てのイライラ・怒りにもう振り回されない本

日本アンガーマネジメント協会
アンガーマネジメント
シニアファシリテーター
篠真希

すばる舎

はじめに

子どもはお母さんが大好き。お母さんも子どものことが大好きです。

でも、子どもは大好きなお母さんから叱られることが多々あります。

お母さんだって本当は怒りたくはない。できることならニコニコ笑って、穏やかなお母さんでいたい。


でも、子どもは天使のときばかりではありません。

この子はわたしを困らせる悪魔なの？と思ってしまうときもあるもの。

とくにストレスや疲れ、イライラが溜まっているときは、どうしても自分の感情を抑えきれなくなってしまうこともあります。


わたしにも娘が二人いますが、感情的になって、ひどい言葉を投げつけてしまい、後悔したことがたくさんあります。

お母さんだって人間です。立派な対応ができないときもありますよね。

でも、できることなら自分の感情をきちんとコントロールし、もっと幸せで建設的な時間を過ごしたいと思っているはず。


ご紹介が遅れましたが、わたしはアンガーマネジメントの講師をしています。

アンガーマネジメントというのは、イライラ・怒りを自分でコントロールし、健全な人間関係を作り上げるための心理トレーニングのことです。

主に、子育て中のお母さんやお子さんを対象に講座を開き、受講者の方からいろいろなご相談を受けてきましたが、共通して感じていることがあります。

それは、怒りの扱い方を知らないまま大人になった人が多いということ。

誰からも教わることなく、自己流の対処法を繰り返し、なんとなく怒りとつきあってはきたものの、自分のなかに湧き起こる激しい怒りの感情に翻弄されて困っている人がたくさんいらっしゃいます。


自分のなかから、怒りの感情が消えてなくなってくれればいいのに……！

はじめに

こうおっしゃる方は多いです。

本書を手にとってくださったお母さんも、同じ思いを持たれていませんか？

でも実は、怒りが問題ではないのです。

怒りが自分を苦しめたり、トラブルの引き金になるのではなくて、問題なのは、自分の感情に十分に気づけなかったり、それをうまく対処できないから。


本書は、イライラ・怒りに悩んでいるお母さん達が感情に振り回されないための方法を紹介した本です。

アンガーマネジメントの手法を使って、いい親子関係を築き、お母さん達に自信と笑顔を取り戻してもらいたいという気持ちを込めました。

怒りの鎮め方や、怒りとのつきあい方など詳しくお伝えしています。

できそうなことから取り入れて、子どもとの楽しい時間につなげていただけたら、とても嬉しく思います。

篠　真希

もくじ

第2章 まずは知っておきたい「怒り」の正体

第3章

イライラ・怒りをコントロールする方法

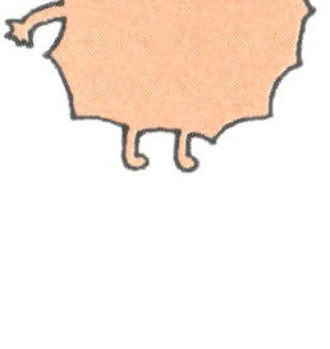

第4章 子どもの心にしっかり届く叱り方

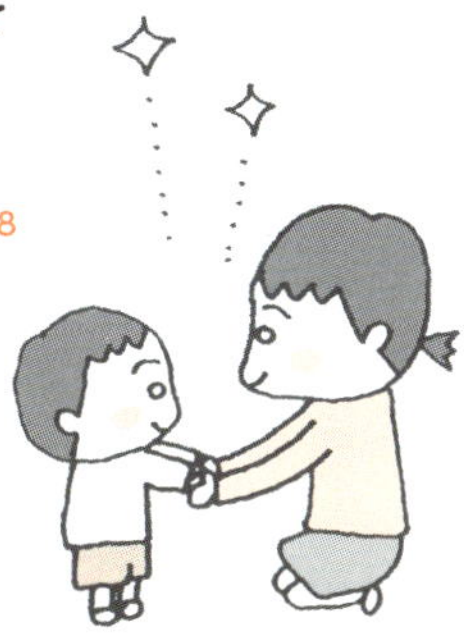

第5章 アンガーマネジメントで親子でハッピーに

まずは「そうね」と受け入れる

幼少期から大切にしたいアンガーマネジメント

怒りや不安に落ち着いて対処できるように
これだけは教えておきたい
親にしか与えられない一生の財産

213

ブックデザイン　小口翔平＋上坊菜々子（tobufune）
イラスト　野原広子

第1章

こんなに自分が怒りっぽいとは思わなかった…！

子どもに怒ってばかりの毎日。嫌になる…

おおらかな育児がしたかったのに

わたしはアンガーマネジメントの講師として、大人や子どもを対象とした講座で、怒りとは何か、どうすれば怒りをコントロールできるのか、子どもにどう感情コントロールを教えるかについてお伝えしています。

なかでも、お母さんが子どもに感情コントロールを教えるための講座は人気で、子どもはもちろん、自分自身のためにも、アンガーマネジメントを学びたい、そして子どもとの関係を見直したいと、多くの子育て中のお母さん達が受講してくださいます。

そこでよく聞く声が、「母親になるまで、自分がこんなに怒りっぽいとは思わなかった」ということ。

「子どもが生まれるまで、わたしはおおらかな性格だと思っていたのに……。今は毎日怒ってばかりです」

「大人として、感情コントロールはちゃんとできる自信があったのに……。まさかこんなささいなことでカッとなる人間だったとは……」

「昔は、街中で子どもを大声で叱るお母さんを見て、『まだ小さい子にあんなに怒鳴らなくても……』『あんなふうにはなりたくないな』と思っていたけれど……。今は自分がまさにそんな人になっていて、自分が嫌でたまりません」

そうしたお母さん達が、実際に怒りっぽく見えるかというと、決してそんなことはありません。**ごく普通の、ちゃんとした理性的な方ばかり**です。

それなのに、子育てにおいては、自分の怒りをコントロールできなくて困っているのですね。

そして、

「子どもに感情をぶつけてしまうのをなんとかしたい」

「毎日怒りすぎて、子どもも怒りっぽくなってしまった。このままじゃ悪影響があるんじゃないかと心配」

と悩んでいらっしゃいます。

いたずら、わがまま、イヤイヤに我慢限界！

子どもを怒りたくて怒っている人は、いないでしょう。

子どもが生まれたとき、「さあいっぱい怒って育てよう」などと思うお母さんは、まずいないですよね。たくさん愛情をかけて、笑顔いっぱいで子育てしたい……。誰もがそう思っていたはずです。

こんなにかわいく愛らしく、無垢な存在を怒るなんて想像できない……。生まれたての赤ちゃんを腕に抱いたときは、そう思っていたでしょう。

ところが、成長するにつれ……子どもって、かわいい癒やしの存在だけではなくなって、**天使だったり悪魔だったり**。「魔の2歳児」と言われるイヤイヤ期、自我が芽生えてくる3、4歳……。

わたしの娘達はすでに中高生になっており、魔の時代さえ懐かしいのですが、当時は日々目の前のことに必死で全力疾走していたのを覚えています。

やめなさいと言ってもやめない。何でも「自分で！」とやりたがる。うっかり先回りして手を出してしまうと、元に戻しても、もう手遅れ。ご機嫌ななめで収拾がつかない……。

急いでいる朝に、あれは着たくないこれも着たくないと言い、朝食はダラダラと遊びながら食べて進まず、さあ出かけようとしても靴をなかなか履かず、今度は「おしっこ！」と言い出す……。

「もう！　なんで今頃？　遅刻するじゃない！」と毎朝のように怒っていました。

「お姉ちゃんのお迎えの時間！」と言っても「行かない！」と言い張る妹。

置いていくわけにもいかず、無理やり連れて行ってもグズりっぱなし……。

家ではお洋服屋さんごっこと称して、次から次へと、どうすればこんなに服を出せるんだと思うほど散らかす。

「片づけなさーい！」と一喝しても、遊びやめる気配なし……。

わたしには娘しかいないのですが、男の子の場合、外で拾った棒きれを振り回したり、登ってはいけないところに登ったり、家のなかで野球ごっこをしたりといろいろあるようですね。かわいくて笑ってしまいますが……。

笑って受け流せる日もあるけれど…

こうして人の話として聞くと、あるあると思いながらも、どれも大したことではない、真剣に怒るようなことではない。そんなふうに思えるでしょう。

たしかに、大したことはないのかもしれません。自己主張も成長の大切な過程であり、年齢とともに落ち着いてくることも推測できます。

子どもは言うことを聞かないもの。そんなことは十分にわかっています。

子どもなんだから、言ってもわからないことはある。噛んで含めるように、何度も諭してあげるべき。子どものわがままや甘えを受けとめるのが親の役割……。重々承知です。

もちろん、1日中怒っているわけではありません。「またやったな～」と笑って流すこともできるし、「じゃあママとどっちが速いか競争しようか」などと、子どもを乗せられる日だってあります。

けれど、それがどうしてもできない日もあるんですよね。疲れやストレスが溜まっているとき。あまりにも聞き分けがないとき。自分が滅入っているとき……。**抑えようと思っても、カッとなって沸点を超えてしまう瞬間がある**のです。

その瞬間は「怒ると叱るは別物」「冷静に諭す」なんてムリ。怒鳴りつけないと、膨れ上がった怒りを発散できない自分がいます。

「何度同じこと言わせるのよ！」「いいかげんにして！」「わざとやってるの⁉」「もう知らない！　勝手にして！」「ママは出て行く！」

相手は子どもとわかっていても、そんな言葉が口をついて出てきます。そしてあとで後悔――。

多くのお母さんが、そんなふうに「怒ってしまう自分」を持てあまし、悩んでいるのではないかと思います。

本当は怒りたくないのに…こんなわたしは母親失格!?

イライラを抑え込んで冷たい態度

また、感情を爆発させることだけが怒りの表現ではありません。

子どもに怒ってばかりの自分を抑えようと、ものにあたることもあるでしょう。

あるいは怒鳴る代わりに、子どもに冷たくあたってしまうということもあります。

どうにも苛立ちが募り、**子どもにやさしくできない**。

その原因は様々です。疲れていたり、ストレスを抱えていたり。それでもお母さんの気持ちおかまいなしに、子どもがわがままを言い続けると、最初は小さかったイライラが、積もり積もって大きくふくらむ……。

疲れすぎて怒る気力も起きないときもあるものです。

そして、子どもに声をかけられても、聞こえないふり。

「……なに？」と冷たく答えたり。顔もむっつり、冷たい視線を送ってしまったり。

すると子どもは、ますますお母さんに振り向いてもらおうと、「ねえママ」「遊んで」「本読んで」「ギューして」とまとわりついてきます。

けれども、とてもそんな気分にはなれません。

「あとでね」「ひとりでできるでしょ」「悪いけど、疲れているからあっち行ってて」などと、冷静だけれど、とても冷たい言葉を投げかけたり……。

そんな経験、わたしにも数え切れないほどあります。


苛立ちや怒りを抑えるだけでいっぱいいっぱい。笑顔などとても作れません。

5分でいいからひとりにしてほしい！

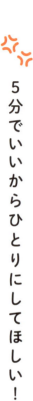

あるお母さんは、「イライラがマックスに達したとき、とにかく子どもと離れたい、ひとりになりたいと思ってしまいます」と言っていました。その気持ち、すごくよくわかります。

激しい感情に支配されていて、それを必死で抑えようとしているとき、誰にも触れられたくない、誰とも話したくない、ひとりになりたい！と思いますよね。

そんなときでもひとりになれないことが、育児のつらいところ……。子どもを置いて家を出るわけにもいかず、**せいぜいトイレなど個室にこもるのが関の山**。

それでもすぐに、子どもが「ママー！」と泣いて探し始める。それを放っていると、ますます大泣き。その激しい泣き声に諦めて出ていくものの、いっそう苛立ちが募って……悪循環。

怒りや苛立ちに支配されているとき、お母さんに子どもの気持ちを気遣うだけの心の余裕はありません。自分を支えることで精一杯。

みな愛情豊かなお母さん達なのに、子育ては本当にままならないものです。

怒りたくて怒っている人はいません。

多くのお母さんが、「頭ではこんな小さな子に怒ってもしかたない、きつく怒ったらかわいそうとわかっている。だけど怒ってしまう」自分に自信を失っています。

寝顔に「ひどいママでごめんね」

わたしって、なんて冷たい人間なんだろう。

相手はほんの小さな子どもなのに。こんなキャパシティの狭い自分は、母親になるべきではなかったのではないか……。

あんな大声で叱りつけて、ひどい言葉を投げつけて、きっと子どもの心にトラウマとして残ってしまうだろう。これって虐待なの⁉　もう子どもの信頼を取り戻せないかも……。

ひとり気ままな時代に戻りたい。もちろん決して本心ではないけれど……。

子どもの寝顔を見て、「いいママになれなくてごめんね」と涙が出る。本当は怒りたくなんてないのに……。

子どもを生まなかったら、こんな自分を見なくて済んだし、誰にも見せずに済んだのに……。

どんなに腹が立っても、「もういい！」と本当に家を出て行けないつらさ。どんなにきつくても、日々子どもの面倒を見続けなくてはいけない。**逃げ場がない**。

夫や母親が「子どもは言うことを聞かないものなんだから、頑張るしかないでしょう」などと言うけれど、その言葉がかえってプレッシャーになってしまう。

こんな気持ちにさせる子ども、夫や母親への逆恨みの感情。被害者意識……。

怒りというのは、こんなに様々な思いを引き起こしてしまうものです。

そして、それがいっそうお母さんを苦しめています。

みんな同じ。怒りは当たり前の感情です

他のママ達もきっと家では怒ってる

子どもの園や学校で。あるいは児童館や街中で。外で会うお母さん達は、子どもの前ではいつもニコニコしてやさしいお母さんに見える。

落ち着いていて、冷静そう。きっと怒鳴ったり、自分のイライラを子どもにぶつけたりなんてないんだろう。あんなお母さんなら子どもも幸せなんだろうなぁ……。

それに比べてわたしは、子どもをうまくしつけられもせず怒ってばかり。自分へのふがいなさでいっぱいになる。いつもやさしいお母さんでいたいのに……。

そんなふうに、**他のお母さんがとても立派に見える。**隣の芝が青く見え、劣等感にさいなまれているお母さんも多いと思います。

けれども、ハッキリ言いましょう。決してそんなことはありません！

みな外ではそう見えるだけ。家のなかではつい感情的になることだってあるはず！

ただ口に出してわざわざ「わたしはよく怒ります」とは言わないから、実際はどうなのか外からはわからないのです。

あるお母さんが、子どものクラスのママ会に参加したときのこと。話の流れのなかで、「みんな全然怒らないように見えるよね！」と、まさしくそんな発言を誰かがしたそうです。

すると、あちこちから「そんなことないよ！」「いっつも怒ってばかり」「わたしは相当ヒステリックだよ〜」「子どもに怖がられてる」という声が上がったとか。

「他のお母さんはみんな、きっと怒ったりしないんだろうなと思っていたから、聞いて安心した」という声も多かったそうです。

ある調査結果によると、3分の2の親が平均して週に5回、子どもを怒鳴りつけるほど強い怒りを感じている、そして40％の親がこれから先、子どもを傷つけてしまうのではないかと心配していると言います。

外では抑えられる怒りも、家のなかではとめられないというのは、みんな同じです。

遺伝子レベルで刻み込まれた防衛感情

「怒り」はあって当たり前の感情。感じて自然です。誰しもが怒ります。やさしそうなあのお母さんも、家ではきっと怒っています（笑）。子どもにいつでもやさしく冷静にいられる人なんて、めったにいません。

ましてや、ままならない子育てで、「子どもってそんなもの」と達観できるときばかりではないのは当たり前。

喜怒哀楽とも言うように、「怒り」は人間が普通に持っている感情です。

けれども、「喜」や「楽」など他の感情と比べ、好ましくないもの、できればないほうがいい感情と思われがちです。

そのため、怒りを感じるのは悪いこと、恥ずかしいこと、人として未熟、心が狭い……などと思ってしまうのです。

けれど、決してそんなことはありません。怒りは実は、とても大切な感情です。

怒りの感情は、生まれたときからわたし達誰しもに備わっていて、危険・不快から遠ざかり、身を守ろうとするサインでもあります。

「防衛感情」とも言われ、自分が安心していられる空間・時間が脅かされたとき、守りたいものが守れないときに感じる「自分の身を守るためにある感情」です。

動物が自分の縄張りを侵されたときや、子どもが敵に狙われたときに怒りをあらわにするのと同じこと。

わたし達人間にとっては、生命の危機や縄張りが荒らされることこそありませんが、それでも自分の安心・安全が脅かされるときには怒りを感じます。

たとえばプライドが傷つけられた、心が傷つけられた、居心地のいい時間を奪われた、怖い目や痛い目に遭った、そこに必死に抵抗しなくてはいけないときなどです。

自分だけが怒りっぽいとか、周りの人はいつもにこやかにしてる、などと考える必要はありません。感じるポイントやタイミングこそ違っても、みんな一緒です。

むしろ、怒りを感じやすい自分は「安心・安全を守る意識が高いんだ」と思ってください。

お子さんが怒りっぽいと感じたときも同じ。この子は「生きる力が強いんだ」と思ってください。

そう考えると、怒りがそんなに悪いものではないように思えませんか？

「アンガーマネジメント」で、もう怒りに支配されない！

大丈夫、必ずコントロールできます

「怒り」は誰にでもある、生きていくために必要な感情です。ただ、好ましくない感情と思われるのは、人間が持つ感情のなかでも、もっとも扱いが難しく、うまく扱えないとトラブルの原因になりやすいものだからです。

怒りの持つパワーは圧倒的なものがありますよね。カッとなったとき、苛立ちが最高点に達したとき、まるで自分自身が乗っ取られてしまったような感じです。

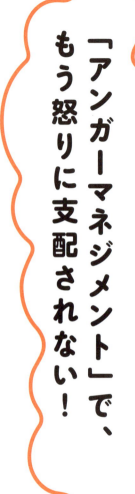

嬉しかったり楽しかったり、哀しかったりといった他の感情と違って、怒りは出し方次第で相手を傷つけたり、自分自身も傷つけてしまうのがやっかいなところ。

親子関係が悪化したり、自分に嫌気がさしたり、自分をダメだと思ってしまうお母さんは多いのですが、これは自分を否定している、つまり傷つけているということになるのです。

「怒りなんて消えてなくなってほしい！」と思うかもしれませんが、怒りを感じなくなるというのは、むしろ不自然で不健康なこと。

抑えつけるのではなく、「上手につきあっていく」ととらえましょう。

怒りは感じるがまま受けとめますが、今まで条件反射になっていたものを少し見直して、変えられるところを変えていく。後悔しない怒り方をする。

怒りをどう受けとめ、どう表現するか。

感情に振り回されるのではなく、そのハンドルをしっかりと自分で握るのです。

世界中の人が試し、効果を実感している手法

そうです、怒りはコントロールできるのです！


それが「アンガーマネジメント」です。

アンガーマネジメントは、1970年代にアメリカで生まれた心理トレーニング。日本でもビジネス界や教育現場で広がっています。

怒りのコントロール法がアメリカのみならず、日本やその他の国々でも普及しているということ自体、多くの人が自分の怒りに翻弄されて困っている証拠です。

トレーニングなので、そこには具体的なノウハウがあります。**誰にでもできる**のです。


アンガーマネジメントが画期的なのは、怒りという個人に生まれる感情を、コントロールするべきものとして取り出し、客観的に扱おうという点です。

「怒ること＝悪いこと、自分ではコントロールできないこと」ととらえがちなものを、

人格・性格とは切り離し、あるがままに受けとめ、扱っていく……。

その視点は、「自分を否定する必要はなかったんだ！」と思わせてくれるのではないでしょうか？


怒りを感じることと、それをどう吐き出すかは別のことです。

怒ったときに、怒鳴る人もいれば、泣き出す人、皮肉を言う人、無視する人など、怒りの表現方法は人によって様々です。

怒りの表現方法「怒り方」というのは、生まれつきのものではなく、親や周囲の大人、友達の影響を受けます。

むしろ真似して身につけるといってもいいくらいです。親になってから、自分の母親そっくりの叱り方をしてるなぁと思う人もいるかもしれません。

そういった「表現方法」は、成長過程でいつのまにか身につけたものではありますが、大人になってもなおそれを続けているということは、自分で「選んでいる」とも言えます。

怒りをどう上手に表現するか

けれども、「後天的に身につけた怒り方」だからこそ、**上書きが可能**なのです。

自分の怒りの表現に自信が持てない、怒りっぽい自分が嫌……。

そう思う前に、自分の怒り方を冷静に客観的に見てみます。まずはそこからです。

アンガーマネジメントのやり方さえ覚えれば、怒ったあとに後悔しない、また、怒らなかったことをあとで後悔することもなくなります。

アンガーマネジメントを取り入れることで、

「イラッときても、そこでとめられるようになった！」

「怒りを別の形で表現することで、子どもや家族との関係も良くなった」

「これまでより育児を楽しめるようになった」

と言うお母さんがたくさんいらっしゃいます。


子どもとのかかわりのなかで、自分のなかに湧き上がる怒りを冷静に見つめ、どうやって分解し消化していくかを一緒に考えていきましょう。

傷つけてしまっても…親子の絆は絶対に修復可能

怒り方が変わったら子どもは真っ先に気づく

「怒りすぎて、子どもがわたしの顔色をうかがうようになってしまった」

「子どもに投げつけてしまった、あんな言葉やあんな態度……。子どもの信頼をもう取り戻せないのではないか」

「きっともう、お母さんなんて嫌いと思われているんだろう……」

そんなふうに自信を失っているお母さんもたくさんいます。

「子どもの心に、取り返しのつかない大きな傷を与えてしまった」

「幸福であるはずの子ども時代を傷つけて、やっぱり母親失格……」

そんなふうに自分を責めてしまうお母さんもいます。


けれども、決してそんなことはありません！

これまで子どもに怒りをぶつけてきたとしても、子どもとの絆は絶対に修復できます。「こんなに怒ってきたんだから、もうダメだ」なんて思う必要はありません。


親子の関係は、子どもが小さいときだけではありません。これから先、ずっと続いていきます。**修復できない関係などない**と思っています。

お母さんが子どもを思いやっているのと同じように、子どももお母さんのことを気にかけています。


お母さんが怒り方を変え、子どもへの接し方を変えようと努力したら、子どもは真っ先に気づくでしょう。

そして、それを受け入れ、必ずまた絆が戻ってくるでしょう。

親子関係に危機を感じて、講座に参加してくださった方から、お礼と報告のお手紙をもらうことがあります。

「先生のアンガーマネジメント講座を受けて、帰ってから今日学んだことを子どもに話し、さっそく習ったことを実践してみたら、子どもの態度がびっくりするほど変わりました。

わたしの接し方の小さな変化にも気づいたようで、今日は一度も声を張ることなく、落ち着いていろいろな話をしてくれました。

わたしがいつも怒っているせいで、もう関係を修復できないかも……と思っていたので、子どもの笑顔に励まされ、また頑張ろう！と思えました」

思春期にこそ今の努力が実る

「売り言葉に買い言葉」という言い回しがあります。

「相手の暴言に応じて、同じような調子で言い返す」という意味ですが、そうすることで親子喧嘩に発展してしまいます。

反対に、お母さんが最初の一歩をマイルドに変えるとしたら、次に子どもから返ってくる言葉も少しマイルドになるでしょう。

すると、その次のお母さんのひと言も、もう少しやさしくなって、子どもも素直になれたりするものです。

きっとお子さんは、その適切な表現を「怒ったときの表現方法」として無意識のうちに身につけるでしょう。

お母さんの変化が子どもにも伝播して、ブーメランのようにまた自分に戻ってくる。

お母さんが取り組めば、それによってお母さん自身だけでなく、子どもの感情表現にもつながるのですから、**ひとりで取り組む努力の2倍の効果がある**ことになります。

すぐに結果が見えなかったとしても、子どもが反抗期に入って親にきつくあたるようなときや、思春期になって友だちとトラブルになりそうになったとき、きっと今のこの努力の成果を感じる瞬間があるはずです。

第2章

まずは知っておきたい「怒り」の正体

怒りっぽいのは短気で心が狭いから？

寝不足、疲れ、時間に追われて…

わたし、こんなに怒りっぽい性格だったかなぁ……。短気な自分が嫌になる……。

そう気に病む前に、よくよく考えてみてください。

最近、とくにイライラして怒りっぽくなってしまったのはどんなときでしょう？

寝不足で体調が悪かったり、家事育児や仕事に追われて疲れていたり、様々なストレスが溜まっていたり、悩みを抱えているときではありませんか？

対大人のつきあいだけをしていたときは、そこまでキレることがなかった自分が、子どもが生まれてからは、ささいなことで簡単に、しかも頻繁にキレるようになってしまった。実は、怒りっぽい性格だったのだろうか……と、今まで知らなかった自分の一面に驚くお母さんも少なくないでしょう。

一般的に「怒りっぽい」のは性格の問題と思いがちです。怒りっぽい自分は大人げがない……、心が狭いのかもしれない……と不安になってしまうかもしれませんが、**精神状態が不安定なときに怒りっぽくなるのは、みんな同じ**です。

必ずしも性格が変わってしまったとか、本当の自分が出てきたとか、そういうことではありません。

本来は怒りっぽくない人でも、育児中など環境的にストレスが大きくなると、心に余裕がなくなり、ストレスや不満、不安があふれて、怒りやすくなってしまうものです。

自分を責めるのではなく、今、自分には余裕がないんだ、と状況を受け入れて、上手につきあっていくことを心がけましょう。

育児中は誰もがイライラしがちだけど

とはいえ、怒りの「感じやすさ」は生育歴や環境によるところが大きいこともあります。育ってきた環境で、怒りを感じる側面、出来事に対するとらえ方が決まって、怒りを感じやすくなることがあるからです。

もののとらえ方や思考パターンは、7歳頃までに決まるとも言われます。

また、家族構成や環境による自分の役割によっても変化します。

たとえば、ルールやマナーに厳しく育てられたり、職業柄や性格的にそこに敏感な人は、子どもの遅刻や忘れ物、約束事を守る・守らない、人に迷惑をかけるといったことが気になってしかたないことがあります。

あるいは、子どもに反抗されたり、「お母さんだって怠けてるじゃない」など、言われたくないことを指摘されると、過剰に怒りが発動してしまうお母さんもいます。

同じことでも怒りを感じるか、そこまで気にならないかは、人によって異なります。

なぜなら、その出来事に「意味づけ」をしているのは、実は自分自身だからです。

忘れ物をする子どもに、「子どものうちは、そういうこともある、ある」とおおらかにとらえるか、「それは絶対にいけないこと！」と意味づけるか。

あるいは、子どもからの指摘を、侮辱や自分への非難、親への尊敬が足りないととらえるか。

怒りを感じるかどうかは、自分の「意味づけ」次第なのです。

子どもの遅い、できないをどうとらえるか

他のお母さんと比べて、自分は怒りっぽい……と不安に駆られることがあるかもしれませんが、自分が気にならないことで、他の人が過剰に反応していることだってたくさんあります。

先ほども言いましたが、怒りを感じるポイントも、出来事にどんな「意味づけ」をするかも人それぞれ。

たとえば、子どもの行動が遅いとしましょう。

お母さんはいつも時間に追われているので、とくに朝などは、ゆっくり動かれると
イライラしてしまいます。

子どもとしては、服が後ろ前じゃないか、ボタンの掛け違えがないか、歯磨きは習った通りに……など、ひとつずつ丁寧にしているのかもしれません。

でも、急いでいるお母さんから見れば、「もう遅いんだから！」と苛立ちの原因になってしまいます。

それは「朝は早く行動するもの」「遅刻はいけない」などの考えがあって、子どもの行動を「遅い」＝「ダメ」と判断しているのです。

時間に余裕のあるときや、ひとつずつ丁寧に行動することを重視しているお母さんであれば、それは「正しいこと」とみなすかもしれません。

目の前の出来事に対する「視点」や「意味づけ」を少し変えるだけで、怒る必要がなくなることもたくさんあるのです。

あるいは、心のなかに溜まっている感情によって、目の前の出来事の受けとめ方が変わってくることもあります。

たとえば、先ほどの「お母さんだって怠けてるじゃない」という子どもの指摘。お母さんだって怠けることも間違えることも、失敗することもあります。それを指摘されても、「ごめん、ごめん」と笑って言えればいいのですが、心のなかに「完璧でない自分への劣等感」や「至らなさ」が重くのしかかっていると、過剰に怒ってしまうこともあります。

「自分が十分でない」と言われているようで、つい子どもを責め返して、子どもの意見を否定しようとしてしまうのです。

このように、いろいろな解釈によって怒りは引き起こされるものなのです。

お母さんは「責任感がある」からこそ怒るのです

パパが甘いのはあまり一緒にいないから？

部屋をなかなか片づけない子どもを見て、

「ほら、ちゃんと片づけなさい！　元の場所に戻すように、いつも言ってるじゃない！」

「寝る前と出掛ける前は片づける約束でしょ？」

「もう、どうしてやらないの！」

と口うるさく言う自分。

その横で、パパから「いいじゃないか、少しくらい、まだ小さいんだから。ママは怖いなぁ」とか、実母やお姑さんから「そんなに厳しくしたら可哀想よ、まだ小さいんだから……」と言われて、カッチーンときた経験がある人も少なくないはず。


この感覚の違いは何でしょう？

それは、子どものしつけに対する「責任感の大きさ」の表れかもしれません。

おじいちゃんおばあちゃんが孫に甘い、とよく言われるように、孫育てにはあまり責任がないから楽しめるのです。

一部のお父さんも然り。お父さんが怒らないのは、しつけについてそこまで細かく考えていないからかもしれません。自分のこだわりや親としての責任を感じる部分が、お父さんとお母さんで違うということは多分にあります。


自分が怒り続けているのは、「子どもをしっかり育てたい！」と思っている証拠。もうそれだけで十分いいお母さんです。

子どものことを真剣に考えるからこそ怒るのです。

怒る人はまじめで一生懸命な人。ある意味「テキトー」な人はあまり怒りません。

でも、お母さんがまじめすぎるからと言って、「いい子に育つ」とか「子どもにいい影響がある」とも限らないのが、育児の難しいところ……。

少し肩の力を抜いて、おおらかに子育てをするのもいいかもしれません。

頑張っている自分をもっと褒めてあげよう

仕事を時短勤務で切り上げて、お迎え時間を目指して保育園までダッシュ。

自転車に乗って帰ろうとしない子どもを「早く！」と急かし、なんとか乗せてこぎ出したら「まだ帰らない！　もっと遊びたい〜」とグズリ出す。

「もう暗くなってきたから帰ろう！（晩ごはんの準備もあるし……）」と強引に家に連れ帰ると、「やだ！　帰らない！」と駐輪場で大泣き。近所にも丸聞こえ。

「静かにしなさい！」と、叫び暴れる子どもを抱きかかえて玄関まで引っ張って帰る。

疲れているときは、子どもをなだめる元気も起きてこない。

大泣きする子どもを玄関先に放置して、「もう！　勝手にしなさい！」と言い放ち、無視してごはんの支度。
すると、子どもはかまってほしくて、玄関でますます大泣き。
わたしの疲れをまったくわかっていない子どもの身勝手な言動に、また苛立つ……。

お母さん、毎日よく頑張っています。
まずはそんな、頑張っている自分を褒めてあげてください。

頑張っているお母さんのなかには、完璧主義だったり責任感が強いあまりに、子どもを怒りすぎてしまい、そんな自分をダメな母親だと許せなくなってしまう人もいます。

でも、**自分をダメと思うかどうかと、実際にダメかどうかとは、実はあまり比例していないことがほとんど**です。

自分のなかにある「子どもを泣かせてしまう自分を責める気持ち」、「早く家に帰って家事をちゃんとやらないと、という焦り」。

それらをいったん横において、「うん、わたしよく頑張ってる！」と肯定的にとらえることから始めましょう。

ネガティブな感情で心をいっぱいにしないように心がけることは、イライラを減らし穏やかなお母さんでいるための大切なステップです。

疲れたときは無理しないで、「疲れた〜」と口に出してもいいのです。

子どもについ感情的になってしまう本当の理由

「親のわたしが恥ずかしい」「わたしばかり大変」…

朝、登園直前になって、子どもが「行くのやだ～」「もっと遊んでいたい！」とグズり、「何言ってるの！　早くしなさい！」とお母さんが感情的に怒って急かしているのは、よくある光景。

このとき、子どもが自分を怒らせているように感じていませんか？

実は、それだけではないのです。その怒りの裏には、「時間を守れないお母さんと思われたら恥ずかしい！」「仕事に遅れたら困る！」「なんでわたしばかり時間に追われなきゃいけないの！」といった、いろいろな感情が渦巻いています。

「第一次感情」という言葉を聞いたことがありますか？
第一次感情とは、不安、悲しい、つらい、苦しいなどのネガティブな感情です。
怒りは「第二次感情」と言われ、第一次感情を元にして生まれます。
「出来事」→（即！）「怒り」というわけではないのです。
たとえば、こんなとき、どんなことを思いますか？

●「何度同じことを言わせるの？」というとき
↓前から何度も言っているのに、理解していないことへの不満。またこうなってしまうことへの苛立ち。

●「パパが家事育児を手伝ってくれない」とき
↓わたしにばっかり押し付けてひどい。自分だけ自由な時間があって羨ましい。どうしてわたしの大変さに気づかないのかと悲しくなる。

目の前の出来事の大きさ以上に、**自分が感じる怒りの裏には、様々な自分の第一次感情が存在しています。**

口酸っぱく言ってるのに、いつまでたってもできるようにならない子どもへの「苛立ち」「焦り」「心配」、怒ってばかりいる自分への「自己嫌悪」、自分の育児への「自信のなさ」「不安」、思い通りにいかない環境への「不満」「ストレス」などが渦巻いているのです。

怒りをコントロールするのが難しいと思ったら、怒りを小手先でどうにかしようとするのではなく、まず自分の心にある第一次感情をのぞいてみましょう。

目の前の怒りの対象は単なる引き金に過ぎないことが、いかに多いかに気づくはずです。

怒りの裏にある「第一次感情」

わたし達の心のなかには、感情を溜めるコップがあります。

感情には、楽しい、嬉しい、幸せ、心地いい、愛おしい、など「ポジティブ」なものと、怒りにつながるような苛立ちや、不安、不満、寂しい、悲しいといった「ネガティブ」なものがあります。

ポジティブな感情は、意外と心に長くとどまってくれませんが、ネガティブなものは心のコップにしっとりしっとりと溜まっていって、そしてなかなか消せないもの。

つらい、悲しい、苦しい、不安……といったネガティブな感情は、なかなかコップから吐き出すことができず、どんどんと溜まっていきます。

人に言われた言葉でも、褒められた・感謝されたということより、ひどいこと・悔しいことを言われたときや傷つけられた言葉のほうが、いつまでも残ってしまい、忘れられないものですよね？

このようにネガティブな感情は残りやすく、このネガティブ感情で心のコップがいっぱいになると、多少のことでも感情があふれ、怒りとして爆発しやすくなります。

初めは小さなイライラがどんどんふくらんで…

怒りは溜まってドカンとなるもの

１日過ごしているだけでも、ネガティブ感情は心のコップに溜まっていきます。

爽やかに目覚めた朝、子ども達が起きる前に洗濯機をスタートし、朝のコーヒーを飲みながら、子どもの笑顔を思い浮かべてお弁当と朝ごはんを作る。用意ができたので、「さて。そろそろ起こさなくちゃ」。

そこからは、さっきまでの爽やかな朝はどこへやら。

「起こしても起きない！」

声をかけてもダメ。揺すってもダメ。何度起こしても寝ぼけて起き上がってこない。

やっと起きてきたと思ったら、歯を磨いて、顔を洗って、と毎日同じことをするはずなのに、ひとつずつ言わなければやらない！(怒)。

「ごはん早く食べなさい！」

言葉をかけて、自分の着替えとメイクをしている間、気づけば子どもは、まだごはんを食べずに遊んでいる！

「ほら、ごはん！」

洗濯物を干して戻ってきたら、着替えもせずにまた遊んでいる！(怒り爆発！)。

「何やってるの！　早く着替えなさい！！」

時間ギリギリに園にとどけ、やっとほっとひと息。

まだ少しイライラが残っている……。


毎日毎日言っているのに、自分でさっさとやらない子ども。そのことに苛立ったり時間に追われて焦ったり……。こんな小さな「イラッ」がどんどん心のコップに溜まって、しだいに「イライラ」があふれていきます。

夕方以降は魔の時間

夕方の帰宅後は、こちらが何を言っても、聞いているのかいないのか、自分の世界……。

「急いでごはん作るね！」「その間に、これとあれしておくのよ」言っても、まったく動く様子が見られない。しかも、ごはんもグズグズ。「ほらこぼれてる！」「座って食べなさい！」「手を使わないで！」……。コップの水があふれんばかりとなる夕方・夜には、イライラがどんどん大きくなって、小さなことでも怒りたくなってしまいます。

１日の疲れも相まって、自分の思うペースでことが進まないと、子どもがたいして悪くなくても、つい「ドッカーン！」。「もうお風呂に入る時間！」「早く寝ないと明日もまた朝起きられないでしょ！」「何回言わせるの！　いいかげんにして！」などと怒鳴ってしまい、あとで後悔。

心に余裕のあるときだったら、ゆっくり聞いてあげられるようなたわいもない話でも、聞く精神状態には到底なれない……。

このように心のコップに「疲れた」、時間に追われる「焦り」などの感情が溜まっていくと、ささいなことでも怒りやすくなってしまいます。

これは、1日中子どもにつきっきりで遊んでいるときにもよくあること。最初は子どもが騒いでいても笑って流せていたのが、長い時間となると、だんだんイライラや疲れが蓄積されて、夕方や夜になる頃には、小さなことで怒ってしまうのです。

疲れているときは、怒りをもっとも引き起こしやすいときです。

「疲れ」や「焦り」「ストレス」など、心にネガティブな感情が溜まっていくと、本来怒らないようなことにまで苛立ちを感じたり、出来事を拡大解釈して、より一層強く怒ってしまったり、「なんでわたしばっかり大変な思いをするの……」と被害者意識が芽生えて、さらなるネガティブ感情を引き起こしてしまいます。

意識的に忘れる、思い出さないように

ネガティブ感情が心に溜まると、それは怒りとなってあらゆる方向に向けられます。

まず怒りの矛先が向きやすいのは、小さくて無抵抗な子どもです。

ときには、子どもに対して怒っているのに、怒りすぎている自分にも向かうこともあります。激しい自己嫌悪や罪悪感、といったものです。

あるいは、それをただ横で見ているパパにも向かうかもしれません。

洗いものや洗濯など手伝ってくれて助かる面はあるものの、何でも中途半端でイライラ……。

逆に、パパに向けられた怒りを子どもに八つあたりしてしまうこともあるでしょう。

こんなふうに**怒りの裏にはいろいろな感情が混ざりあっていて、それはきちんと発端となるものに向かうとは限りません**。

そのぶん意図的に、ネガティブ感情を溜めないようにする必要があります。

怒ったことを必要以上に何度も思い出さない、意識的に忘れる、許す、ということ。

そして、自分への不満・ダメ出しを減らすために、しっかりしなきゃ、完璧を目指さなきゃと、頑張りすぎないことも大切です。

心のコップがネガティブな気持ちでいっぱいにならないように、体調管理と同じくらい、心のメンテナンスも心がけましょう。

その具体的な方法については、第3章で解説します。

怒鳴るとスッキリするのは理にかなっていた

高ぶった感情を外に出したい衝動

カッと頭に血がのぼったとき、大声を出さずにはいられない、ものについ八つあたりしてしまうなど、何らかの方法で心のなかに渦巻くモヤモヤを発散せずにはいられない衝動に駆られてしまうことってありませんか？

子育て中のお母さんなら、あまりに言うことを聞かない子どもに大声で怒鳴ったらスッキリした、という経験があるのではないでしょうか。

ただ、怒鳴った瞬間はスッキリするものの、後味の悪さは残ります。

怒鳴っても誰も幸せにならないことぐらい、わかっている。ものにあたってもどうしようもない……頭ではわかっているんですよね。

でも、ついやってしまうのです……。

実は、これらの方法は、怒りを手っ取り早く手放すためには**理にかなっている**のです。

人には、心に溜まった感情や高ぶった感情を外に出すことで、「ガス抜きしたい」という衝動があります。大声を出すことで、溜まった感情を吐き出せるので、イライラが解消されたような気になるのです。

ため息や愚痴もそうですが、誰かに言ったり、話すことでスッキリすることは多いもの。

深呼吸は大声を出すのと同じ効果が

アメリカでは次のような心理療法もあるようです。

小瓶をつねに携帯しておき、イラッとしたらウップンを瓶のなかに叫び、叫び終わったら瓶の蓋を閉めて、心をスッキリさせるそうです。

なんだかイソップ童話の「王様の耳はロバの耳」みたいですね。

怒りも内緒話も、心の内には溜めておけないものなのかもしれません。

しかし、**怒鳴ることは癖になりやすく、怒るほどに怒りやすくなります。**

怒りは自分の危機を教えてくれるサインなのですが、怒ることで問題を解決することはできず、かえって多くの問題を生みだしてしまうのです。

なので、怒鳴る、ものにあたるに代わる方法を試してください。

イラッときて爆発しそうになったら、その前に、深く息を吐いてみましょう。

あるいは、いったんその場から離れてみる方法もあります。

それだけで、気持ちがだいぶ落ち着きます。

怒りにのまれて、状況を悪化させることのないように、できることは何でもやってみましょう。

怒りを鎮める方法については、第3章で詳しく述べていますので、参考にしてみてください。

カーッと頭に血がのぼるのは、たった6秒

アドレナリンが体から抜けるまでの辛抱

一般的に、怒りのピークはどれくらい続くと思いますか？
すごく長そうに感じますが、実は、たったの６秒だと言われています。
怒りを感じたとき、動物の本能として、体にアドレナリンが走ります。
アドレナリンとは、危機を感じたときに多く分泌されるホルモンの一種です。
衝動的な怒りの正体は、このアドレナリンなのです。このアドレナリンのせいで、
わたし達は反射的に怒ってしまうのです。

怒りを感じると、「動物脳」と呼ばれる本能・感情を司る大脳辺縁系に司令がいきます。その間は、交感神経が刺激されて、思考力・判断力が低下している状態です。

それから動物脳の外側にある「人間脳」と呼ばれる大脳新皮質に情報が伝達されると、思考・判断といったフィールドが活発になります。

この状態になると、少し建設的なことが考えられるようになります。

アドレナリンが体から抜け、その支配から解放されるまでの時間は、たったの6秒なのです。

頭のなかで６まで数えて待ってみる

まずはゆっくり、深呼吸しながら「1、2、3、4、5、6」と頭のなかで数字を数えて、衝動的な怒りが通り過ぎるのを待ちましょう。

まちがっても、これは怒るまでのカウントダウンではないことを意識してください。

クールダウンするまで６秒待つ、ということを習慣づけましょう。

この６秒で、怒りの状態をやり過ごせると思ったら、難しいことではないと思えませんか？

６秒が長いと思うか、短いと思うかは人それぞれ。

でもその間に、言ってもしかたのないことを口にしてしまったり、勢いづいて子どもを傷つけるような態度をとってしまったり。

あるいは売り言葉に買い言葉で、親子喧嘩に発展してしまい、時間とエネルギーを費やして疲れ切ってしまうくらいなら、決して６秒は長くないでしょう。

思考力・判断力が低下しているときの言動は、事態を良くないほうに持っていってしまうもの。

怒って子どもと喧嘩して、関係も空気も悪くなったのに、肝心のことが何も改善できていない。そのわりにとても疲れた……ということのないようにしたいものです。

子どもでも取り組める簡単な方法なので、親子喧嘩になる前に、お子さんと一緒に習慣づけてみてください。

怒りをムリに抑えつけるのも良くない

子どもの泣き声が神経にさわる理由

子どもが大声で泣きわめいたとき、何度あやしたりなだめても泣きやんでくれなくて、イライラを通り越して途方に暮れてしまう……。

乳児やイヤイヤ期のお子さんをお持ちのお母さんなら、よくあることでしょう。

子どもが泣いているのを聞くと、条件反射のように「気が狂いそうになる！」というお母さんもいます。

言い知れない何かざわざわした感覚がある。それがよその子でも自分の子どもでも、泣き声を聞くと条件反射のように「逃げ出したくなるんです」と言います。

もともと女性は、本能的に子どもの泣き声に反応するようになっている、と言いますが、それだけではないようです。

子どもが泣いたり怒ったりすると、「自分の至らなさを責められているようでつらい」と感じてしまう人もいます。

子どもの泣き声が、自分が子どもに満足を与えられていない不安や、母親としての対応が十分でないような自信のなさにつながって、自己嫌悪にも似たふがいなさ、無力感を感じてしまうようです。

それが条件反射になると、よその子の泣き声でもつらくなってしまいます。

でも、考えてみてください。子どもの年齢分しか自分は母親ではないですし、核家族で育っていれば、誰かの子育てをそばで見てきたわけでもありません。

育児書片手に奮闘しているのだから、最初から上手にできなくてもしかたないもの。**自分を卑下する必要はまったくありません。**

子どもの泣き声で「自分が責められているような気持ちになる」というのでしたら、自分の「思い込み」と「子どもが泣いている理由」をしっかり区別して向きあってみましょう。

泣いてもいいし、怒ってもいい

子どもの頃「泣いちゃダメ」「怒っちゃダメ」と言われて育った人は、怒ることを悪いことだと思い込み、怒りを表に出すことを否定的にとらえて、表現することを我慢する傾向があります。

怒りにつながる「悲しみ」や「不快感」を感じつつも、自分のなかにそうした感情が生まれることを許すことができなくて、心のなかに封印してしまうのです。

ただ、そのときは抑え込んで、ないものとしたはずでも、当然ネガティブな感情は心のなかに残っているので、あるとき**記憶の蓋がバーンと開いて、怒りとなってあふれ出す**ことがあります。


子どもが怒ったり泣いたりしているのを目のあたりにすると、抑え込んでいた自分の感情が揺さぶられ、子ども時代からのつらさや我慢が蘇ってきて苦しくなる。

だから、なおのこと「泣かないで！　怒っちゃダメでしょ！」と言ってしまう……。

本当は、自分が泣いたり怒ったりしたいのに、自分に禁じてきたことを子どもがしているのを無意識のうちに許せないと感じてしまうのです。

これは本人にとっては、とても苦しいことです。

「泣いてもいいし、怒ってもいい」と子ども時代から知っていれば、過去の自分の記憶と重なることに過剰な反応をしなくて済んだのかもしれません。

泣くのは自然なことだし、怒るのも悪いことではない。

子どもに同じ思いをさせないためにも、自分を解放してあげるためにも、一度自分の思い込みを外してみましょう。

我慢が過ぎると最後は大噴火に

アンガーマネジメントは怒りを我慢することではありません。

どんな感情にもいい悪いはなく、**感じるものはそのままに受け入れる**必要があります。受け入れて、認めてこそ、対処ができるのです。

我慢している状態とは、感情に蓋をしているようなもの。

その蓋が一生開かないとは限りませんし、先のように突然開くこともあります。

ときには大爆発したかのような、突拍子もない状態になるかもしれません。

我慢は、爆発を誘発します。

怒りの感情は火山のマグマのようなもので、噴火するもっと前から地下で静かに静かに温度を上げています。

怒り出したら止まらないという人は、気づかないうちに温度が上がってしまったり、我慢の限界まで怒りに蓋をしようとしていることがあります。

爆発を避けるには、自分が今、どの程度の不快を感じているかを冷静に受けとめ、それ相応の処置をしなければなりません。

そして怒りが表出するもっと前の段階で、ひとつひとつきちんと対処していく必要があります。

もっともっと早い段階で自分の怒りと向きあえるように、マグマの温度を上げないトレーニングを日頃から習慣

化していくことが望ましいのです。

溜め込む前に少しずつガス抜きしていく

怒りを溜め込むことは、ときに無自覚のうちに体を蝕《むしば》んでいることもあります。偏頭痛や肩こり、腰痛、あるいは鬱などにつながることもあります。

自分だけが我慢すればいいと思っても、そううまくはいきません。放置した怒りは、必ずどこかに向かいます。怒りが恨みに変わることもあります。

自分に向かえば、自分を否定して苦しくなります。

我慢というのは、自分の感情を大切にしていないということ。人の気持ちも自分の気持ちも同じように大切にしなければいけません。

怒りをむやみやたらと人にぶつけることなく、かと言って手の施しようのない状態になるまで溜め込んで後悔することのないよう、上手につきあっていきましょう。

突然ですが、ここで風船を思い浮かべてみてください。自分の怒りの感情を空気として、風船のなかに溜め込んでしまっているところをイメージしてみましょう。

パンパンに空気が溜まり過ぎると、もろく破裂してしまうし、急に吹き口から手を離すと、一気に空気が吹き出して暴れたように飛んでいきます。

怒りも同じです。溜め込みすぎて心が破裂してしまっても、怒鳴り散らす、わめき散らすように勢いよく吐き出してもいけません。

自分のなかの「怒り」を上手に吐き出せるようになったら、ずいぶんラクになれる気がしませんか？

第3章

イライラ・怒りをコントロールする方法

「もう、また！」「何回言わせるの」で怒り爆発…

「またか！」で入るスイッチ

「ほら！　よそ見して飲んだらこぼれるでしょ」

「鉛筆持って走らないで！」

「帰ったら手洗い、うがいっていつも言ってるでしょ！」

1度目は普通に教えられるのに、2度目には注意、3度目には叱って、4度目には怒って、それでもまた繰り返すと怒鳴って……。

そして、昨日も言ったのにまた今日も。毎日言ってるのにまた……と、理由も背景も関係なく、瞬間的に入る「またか！」のスイッチ。

「何回も言わせて！」と思えば思うほど、怒りがふくらむ……。

お母さん達が子どもに対して怒ったときのことを話す際、口々に言われるのが、この「またか！と思って……」というもの。

四六時中一緒にいるからこそ、強い感情となって表れてしまうことはあるものです。

ひとつひとつの子どもの仕業は、母親になる前に思っていたように「そんなことでそこまで怒らなくても……」というようなことがほとんどですが、お母さんにとっては「その仕業」の意味は違います。

なぜなら、そこには「前にも教えたのに」「いつも言ってるんだから予測できたはず」「これだけ言ってるんだから覚えたらどうなの」「前にもやってるんだから、こうなるってわかってたじゃない」といった様々な感情がプラスされての「事実」だから。

怒りは繰り返すことで大きくなります。

朝起きなかったら、淡々と起こすだけ

「何度言えばわかるの」「これから先もずっと言い続けるのか……」とゲンナリしてしまうのは、よくわかります。

でも、**そこで強く怒ってもあまり効果がないということは、頭ではわかっているんですよね。**

怒りを感じる瞬間、反射的に口癖となった言葉を発する、とりあえず思いつきで感情を表す……など、わたし達はあまり脳を使わないようです。

自分のパターンを繰り返すほうが簡単だからです。

メリット

・お母さんの真剣度が伝わる
・子どもに焦りと危機感を持たせる

デメリット

・子どもが怒られ慣れする
・子どもに怖がられる
・お母さん自身が疲れてしまう
・お母さんの体に悪い（心臓、血圧、美容）

図1：感情的に怒ることのメリットとデメリット

ここで、改めて感情的に怒ることのメリットとデメリットを考えてみましょう（図1）。なんだか、デメリットのほうが多い気がしませんか？

ここでもし「またか！」という感情を抜きにしたら、どうなるでしょう？

「今朝もまた起きない！」「何度起こせば起きるつもり？」「遅刻しても平気なわけ？」と、お弁当を作りながら、何度もベッドに足を運びながらイライラを募らせるより、「自分の役割は、子どもを起こして、決まった時間に行かせること」と割り切ってしま

うのも、ときには必要かもしれません。

イライラの感情をのせずに、ただ起きるまで起こす。嫌味もなく、放置もなく、ただ起こすのです。

怒って接したら、子どもが早く自分で起きられるようになるわけでもありません。強く怒らなかったことによって、大人になっても自分で起きられない人になってしまうわけでもありません。

今までの繰り返し（過去）を思ってガッカリしたり、「これからもずっと……？」（未来）と不安に思ったりするのはよくわかるのですが、「今」を見るようにすることで、イライラを少し減らしてみましょう。

「今」にだけ目を向ける

わたし達は怒っているとき、目の前の問題に加えて「過去の不満」「未来への不安」をのせて問題をふくらませていることがあります。

また、自分の怒りの根源を取り違えていることも、ままあります。

たとえば、なかなかひとりで着替えをしない子どもに対して、お母さんはいろいろな思いを抱きます。

「毎日手伝うのが面倒くさい」「もう散々教えてきたのに、なんだったの」「このままだと、この子、入学してから大丈夫かしら」「自分で服くらい着られないと、わたしがダメな親だと思われそう」……。

本来は、今着替えをしてくれたら、それで解決なのですが、いつのまにか「着替えること」以上に、不満や不安を大きくしてしまっていることがあるのです。

子どもに対して怒るとき、**「今自分は何に対して怒っているのか」をお母さん自身が理解していることが何より大切**です。

「〝今まで〟教えてきたのに、子どもがやろうしないこと」に怒っているのか、「〝これから〟もできなかったら……」と不安なのか、あるいは、まったく別の理由で「自分がダメな親に思えること」に苛立っているということもあります。

そこがわかっていないと、子どもに何を言っても、なかなか自分の苛立ちは解消されません。子どもも怒られている基準がわからないので、ゴールに辿り着けなくなってしまいます。

自分が変えたいと思っていることを自分で取り違えないよう、まずは自分の怒りの根源を見極めましょう。

子どもが「〇〇しない」という事実に、自分の妄想や他の理想をくっつけて、怒る理由を増やさないようにできるといいですね。

子どもが毎日楽しそうに見えるのは、大人ほど過去を引きずらないことと、未来を不安に思ったりしていないから。

イライラしたり不安になる気持ちはわかりますが、ほんの少しだけ過去や未来への意識を小さくして、今目の前にいる子どもとの時間を楽しんでみると、必要以上に感情的にならずに済みますよ。

「ちゃんとしてほしい」の期待値を思いきり下げる

理想は理想。最低ラインを守ればいい

お母さんが怒る理由として、子どもが自分の思うように動かないから、ということがあります。「言ったことはちゃんとするべき」とか、「これくらいできていてほしい」というお母さんの理想や願望（期待値）があるということです。

でも、子どもがそれをできないから、イライラしたりムカッとするんですね。

怒る頻度を下げるためには、理想は理想として置いておき、期待値を下げることです。つまり「大目に見ることを増やす」のです。

子どもに「こうあってほしい」「この子ならこれくらいできるはず！」「できていてほしい！」と強く思っていると、自分の期待値に届かないたびに「こんなはずじゃない」と、どうしてもイラッとしてしまうもの。

ここは思い切って、**期待値を「二段構え」**にしてみましょう。

たとえば「部屋はいつも綺麗にしておくものよ」「挨拶はきちんとしようね」と、理想を子どもに伝えるのは当然のこと。

でも、理想と現実の間にはギャップがあるものなので、自分のなかでは底のラインも想定しておきます。

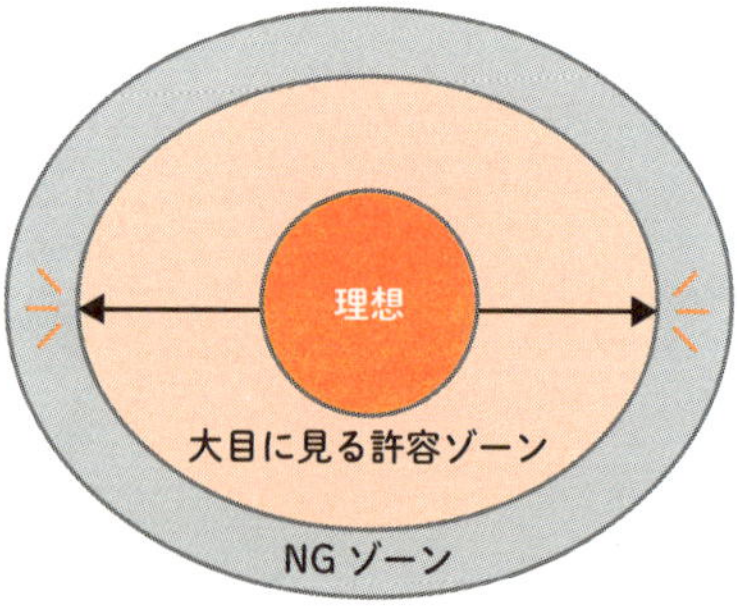

© 一般社団法人 日本アンガーマネジメント協会

図２：お母さんの理想と怒りの限界：許容ゾーンを広げる

つまり、「ここまでいったら、さすがに限界」というNGラインを自分のなかに持っておいて、そこまでは大目に見るということ。

理想通りでなかったら即！NG！というのではなく、許容ゾーンを広げて、「想定内」を大きくしてドーンと構え、大目に見る余裕を持つわけです（図２）。

おもちゃのしまい方が雑でもＯＫ

「部屋を綺麗にしておく」例でいえば、理想は「床や机の上に何も出しっぱなしではなく、すべてがクローゼットや引き出しにきちんと収まっている状態」だとします。

一方、ＮＧラインは、「踏んだら危ないおもちゃが部屋の床に落ちていること」「今日使ったものが寝るまでに片づけられていないこと」など。基準は、ご家庭それぞれだと思います。

すると、「さっき使ったおもちゃが机の上に置きっぱなし」「服が脱ぎっぱなし」は、ひとまず「想定内」となるわけです。

もちろん、NGラインを越えなければ注意しないというわけではなくて、教えていくことは大切です。

でも、そのたびにいちいち「なんで!」とか「また!」といった感情をのせて大きくとらえないほうが、結果的に安定して伝え続けられます。

理想の形は伝えるけれど、最低ラインを見せて「せめてここまでは頑張ろう」と、子ども自身の現在地とそう遠くない目標を置いてあげる。

そうすることで、優先順位がつけやすく、子どもが取り組みやすくなるというメリットもあります。

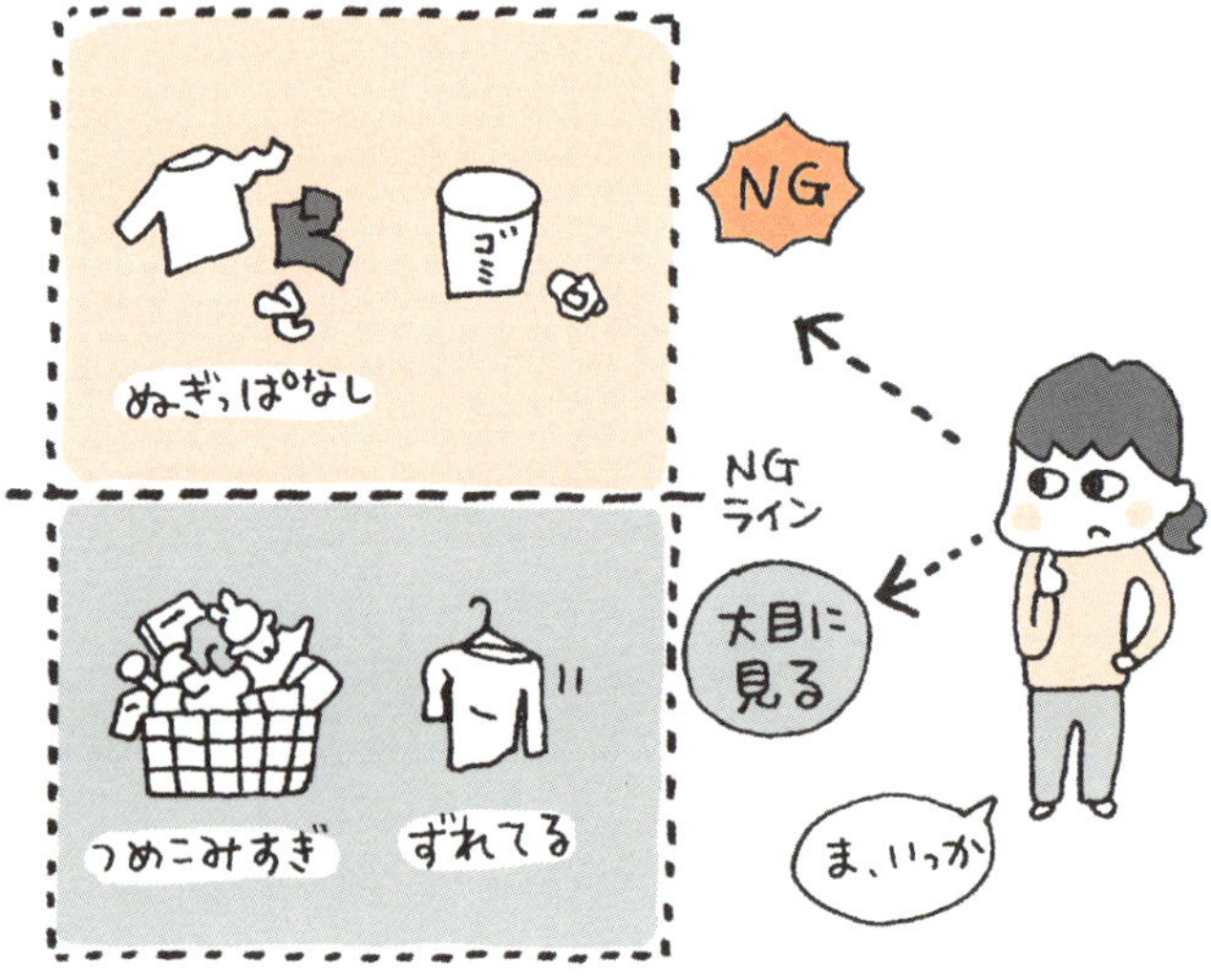

「叱る」→「言うことを聞かない」→「怒鳴る」→「泣く」の最悪のパターンになるくらいなら、ある程度までは目をつぶって許してあげて、一歩一歩できるようになるまで導くほうが、お母さんもイライラしない、子どもも頑張れる、お互いに疲れないアプローチになります。

子どもは100回言わないとわからないもの

その子のタイミングを待ってあげる

大目に見ることを増やすといっても、子育てをするにあたっては、できるだけきちんとしつけたいと思うのが親心。

最低ラインだけで対応していては、もちろん物足りないでしょう。

理想の状態を言い続ける、あるいは実践で見せ続けることも同時に大切ですが、「今すぐにできてほしい」「教えたからには早く身につけてほしい」という「焦り」によって苛立ちが大きくなってしまうお母さんも多いのが事実。

たとえば、「オムツが早く取れた」「早くから字が書ける」「入学前から計算ができる」など、自分の子どもがいかにデキるか、成長がいかに早いかという自慢をするお母さんもいて、周りの子どもとの比較で、焦りや、どうしてうちの子はできないんだろう……と心配になることもあるかもしれません。

でも、**自分の「焦り」を解消するために自分の期待を子どもに押しつけても、どうにもならないもの。**

できるようにさせるために努力するのは悪くありませんが、「今、早く」というのは、できるようにさせて自分が安心したいという、単なる「母親のエゴ」になってしまうかもしれません。

子どもは親の癒しのためにいるわけでも、親を満足させるためにいるわけでもなく、彼らは彼らのペースで成長し、学習しています。

成長には個人差があります。必要な筋力とバランス感覚が身につけば自然と歩けるようになったのと同じように、その子のタイミングは必ずきます。

もどかしいことは本当に多いのですが、親の思いがいつか身になると信じて、できるようになるまでの時間を〝目に見えない蓄えをしている時間〟だと思って、待つことも必要ではないでしょうか。

30回目で「もうできたの!」と思える

大人がきちんと目を向けて、声をかけて見守っていれば、それはいつかタイミングが来たときに現れます。

だから急かさなくても、スイッチが入るときを待ってあきらめないこと。

お母さんが先にギブアップしてしまわないために、感情をコントロールして、そばで見守っていきましょう。

大人社会で生きていると、言ったことはできて当然。1、2度言えば、たいていはわかるもの、と思い込んでしまうことも多いでしょう。

大人ばかりと過ごしていると、つい子どもを自分や大人と同じように思ってしまうことがあります。初めてのお子さんならなおのこと、大人への対応と勝手が違ってとまどうこともあるでしょう。

「1、2度言えばわかるはず」と思っていては、できないたびに自分が疲弊してしまいます。大人とは経験値も能力も違う子どもには難しいことです。

そこをたとえば「子どもは１００回言わないとわからないもの」と前提を変えてみてみると、もし30回目にできたら、「もうできた！　早い！」と思えたりします。

親の気持ちひとつで、子どもの成長をどう受けとめるかが変わってくるわけです。

自分が子どもにあてはめようとしている「（理想の）基準」を少し変えてみるだけで、ずいぶんと気がラクになり、怒る必要があることも減ります。

親ならしかたがないこと、30回でも１００回でも、できるようになるまで繰り返し言い続けるのが親の仕事、と割り切ることも大切です。

グズリの裏にある本当の気持ちを受けとめる

夕方帰りたがらない、ちゃんとごはんを食べない…

わがままばかり言う、言うことを聞こうとしない、機嫌が悪い、あまのじゃく……子どものグズリには本当に手を焼きます。

「もう歩けない～」と道の真ん中で座り込んでしまったり、「まだ遊びたい～！」とひっくり返って大泣きしたり。「もう、いいかげんにして！」と突きはなしたくなりますよね。

でも、その裏にはちゃんと理由のある感情が隠れています。

幼少期のグズリは、お母さんに「甘えたい」「わかってほしい」というサインであることが多いもの。

とくにお母さんが忙しいときに「あれやだ、これやだ～」「こっちきて～」などが始まると、「手に負えない！」と思ってしまいますが、頭ごなしに「何言ってるの！」「困らせないで！」などと言うより、子どもの心のコップをのぞいて第一次感情を見つけてあげましょう。

たとえばブロック遊びの最中に「ごはんだから、やめなさい」ととめられたのが不満で子どもがグズったとき。

「ブロックを完成させたかった」のなら、「そうか、完成できなくて悲しかったね」と、気持ちをわかってあげるだけでも違います。

子どものグズリの裏にある、本当の気持ちを受けとめてあげることで、グズリが早くおさまることも多々あります。

忙しいときほど手をとめて向きあって

たいてい子どもがグズるのは、朝の出かける前や、夕方帰宅後の晩ごはんの支度時ではないでしょうか。お母さんの忙しい時間帯と重なることが多く、かまってあげられないことも多いもの。

忙しいときにグズられると、「どうしてこのタイミングで!」と思うこともあるでしょう。「いいかげんにして!」と子どもを怒鳴ってしまうこともあるかもしれません。

でも実は、たまたまそのタイミングなのではなくて、お母さんのせかせかオーラを感じ取って、**お母さんの注意が自分に向いていないことへの「子どもなりの焦り」**だったりするのです。

でも、お母さんの苛立ちがさらに子どものグズリを増長させて、「こっちきて一緒に遊んでってば〜！」と服を引っ張られたり、収拾がつかなくなってしまうことも。

「しなければいけないことがあって忙しい」「子どもにかまっている時間なんてない」かもしれませんが、そんなときこそ、あえて手を休めて、子どもとほんの少しの時間でも向きあってみることをおすすめします。

一緒に座り、わずかな時間でも話を聞いてあげることで、その後のグズリを長引かせないで済むことも多いのです。

忙しいなか、自分のために手をとめてくれているお母さんのことを、子どもはちゃんと見ています。

要求を５分聞いてあげるだけで満足する

子どもに「さっさと動いてほしい」「協力的になってほしい」と思っても、一方的に親の要求だけ押しつけるのはＮＧ。うまくいきません。

先ほどのグズリの例にもあるように、**子どものリクエストにささやかでも答えてあげるという〝ギブアンドテイク〟で欲求を満たしましょう。**

第2章で紹介した、園からの帰り道に遊びたいと騒いだ子を強引に連れ帰ったお母さんの話です。(56ページ参照)

お母さんは一刻も早く帰りたいのですが、子どもは遊びたいと言う。

大人同士なら折衷案を取るような場面でも、親子関係ではどうしてもお母さんが強く、お母さん主導になるので、無理やり連れ帰ることもあるでしょう。

けれど、お母さんの要求を一方的に押しつけるのではなく、「5分だけね」という約束で遊んであげる日があってもいいのでは？

そこでたとえ5分を使ったとしても、その後「遊びたかったのに〜」「ママは言うこと聞いてくれない〜」と泣き続ける1時間を節約できることだってあります。

いつもでなくても、「できるときはリクエスト聞くからね」と言うだけでも、「自分の欲求が否定されているわけではない」という信頼を勝ち取るには十分です。

柔軟に、できる範囲で子どもの欲求を満たしてあげるということも、選択肢に入れておきましょう。

怒りは願いの裏返し

子どもは、まだうまく自分の精神状態をコントロールできないもの。

大人が、お腹がすいた、眠い、疲れた、かまってもらえなくて寂しい、といった理由でグズるなんておかしいでしょうが、まだ幼くて表現能力が限られている子どもは、グズったり泣いたり怒ったりしてそれを表現します。

もう少し成長して感じることが複雑になってくると、「言いたいことが伝えられなくて悔しい」「不安が解消できなくて戸惑っている」「親の期待に応えられない自分への不満」などが、怒りや不機嫌の原因になっていることがあります。

子どもの怒りを「わがまま」と頭ごなしに切り捨てずに、その満たされない感情に目を向けることで、その不快な気持ちを鎮めてあげることができます。

そんな習慣を、お母さんが身につけていれば、子ども自身も自然と自分の感情に目を向けるようになります。きっと泣いたり怒ったりする代わりに、自分の気持ちを伝えてくれるようになるでしょう。

怒っている子どもの抱えている不満・欲求を理解して、その不快をできるだけ取り除いてあげるということは、叱りつけるより効果があります。

「怒りは願いの裏返し」

わたしの好きな言葉です。

子どもが怒って訴える裏には「願い」があります。

世のなかにはどうやっても叶えてあげられないこともたくさんあって、親としての無力さを感じることもあります。

でも、子どもが怒ってでも訴えてくるとき、その怒りは「この状況を変えてくれ！」と願うサインです。

怒りをぶつけられたときは、それを「願い」ととらえてみましょう。

子どもの怒りにつられそうになったら…

イライラは伝染しやすい

自分は気分良くしていたのに、同じ空間にいる誰かが不機嫌なせいで、なんだかこちらまで気分が悪くなったという経験はありませんか。

たとえば家で、夫に「車で送って」と頼もうと思っていたのに、なんだか不機嫌そうにしていたので頼む気がしなくなった。

あるいは、買い物に行ったら、店員さんの態度が悪くて気分を害し、欲しいものを買わずに帰ってきた。

「誰かに苛立たせられる」というのは、人に自分の感情の主導権を握られてしまっているということ。自分の感情のハンドルを他人に委ねてしまっていることになります。

イライラや不機嫌などネガティブな感情は伝染しやすいだけに、人からもらってしまいがちですが、もらう必要のないものです。

それを受け取ってしまうと、今度は自分からイライラを出して、無意識の八つあたりをしてしまうことがあります。

それは子どものグズリでも同じこと。

怒って感情をむき出しにしている子どもが目の前にいると、ついその怒りを受けとめて一緒になって怒ってしまうことがありますが、それは子どもの怒りであって、お母さん自身の怒りではありません。

共感力の高いお母さんは、つい怒りをもらってしまうことがありますが、子どもと自分の感情にきちんとした線引きをすることが大切です。

まともにやりあわない

　ましてや反抗期ともなれば、親への口答えが増えたり、無視してくるなど、親から見れば腹の立つことも多くなります。

　ここで怒りをもらって、子どもとまともにやりあってしまっては、親のほうが疲れてしまいます。

「この子はこういう年頃なんだ」「子どもはこういう段階を踏んで成長するんだ」「まだこういう表現しかできないんだ」といったとらえ方をすることも大切です。

わたしの娘が反抗期の頃、ひどい反抗をしていながら、あるとき泣いてこうつぶやいたことがありました。

「本当は、こんなこと言いたいわけじゃないのに……」

そう。**子どもも自分の感情のやり場に困っている**のです。

反抗は、お母さんへの攻撃ではなくて、自我との闘いをしているところ、と静観してあげましょう。

目を向けるべきなのは、子どもの怒りの裏にある感情であって、表面的な怒りではないのです。

お母さんは子どもの怒りにのまれないように、深呼吸をしたり、あえてゆっくり話すなどして自分のペースを保って対応するようにしましょう。

そしてそのときは、子どもの爆発をあしらっているように感じさせないために、きちんと目を見て向きあって話すことを心がけてください。

まじめなお母さんほど「○○」で自分を苦しめがち

夕食は必ず6時、おやつは手作りすべき…

育児ストレスが大きいお母さんによくあるのが、「自分の理想を作り上げていて、それに縛られてしまう」ということ。

「母親はこうあるべき」をはじめ、子どもに対しても「○歳ならこれくらいできるべき」「人に迷惑をかけるべきではない」など……。

母親業をキッチリこなしたい完璧主義のお母さんや、自分のやり方にこだわりがあるお母さんは、自分にも子どもにも多くのルールや課題を課してしまいます。

94ページ図2の許容ゾーンが、小さくなっている状態です。

まじめなお母さんほど「ちゃんと○○しなければ」と、自分自身にも厳しくしてしまいがちです。

厳しくすることがいい悪いではなく、**大目に見られるものが少ないほど許容ゾーンをはみ出ることが多く、はみ出るたびにイライラするもの。**

「夕ごはんは必ず6時」と決めていれば、5時50分に「絵本を読んで」と言われても「え？　なんで今なの！」とイラッとしてしまうもの。

自分の理想に固執しすぎていなければ、たとえ応えられないにしても、イラッとはしなくても済むわけです。

ルールやしつけの基準というのは、ご家庭ごとに決めればいいことですが、そこへの執着が強ければ、それだけイライラが大きくなります。

誰のため、何のためのルール？

自分に対しても、朝送りに行くときはいつもキチンと化粧すべき、おやつはすべて手作りにすべき、子どもに添加物を与えるべきではない、入学前にある程度の勉強はできるようにさせるべき、など理想とするものが多いと、当然ストレスが大きくなってしまいます。

育児における理想をあげればキリがありません。

けれど、現実的には限界があります。

自分にとってできる範囲のことにとどめておかないと、自らイライラを増やしてしまいます。

「できたらいいけど、しなくても大丈夫」くらい、おおらかにいることで、手放せるイライラはとても多いものです。

先ほど挙げた、いくつかの「○○しなければ」にも、子どものためでなく、自分がそうしたいだけのものも含まれているかもしれません。

理想として掲げるものが、誰のためのルールなのか。

「子どものため」と思って始めたことが、いつのまにか「マイルールを貫きたい」「自分の達成感を満たしたい」に移り変わっていないか。

それによってイライラして怖い顔になるようだったら、もう一度見直してみてもいい時期かもしれません。

育児のストレスや不満は素直に言葉に出して

夫や母親に言われたカチンとくるひと言

子どもを叱ったそばから夫に言われた、「そんなに怒らなくても」という言葉。仕事復帰しようと考えていた矢先に母から言われた、「3歳になるまでは、家にいて子どもの面倒をみたらどう？　子どもがかわいそう」という言葉。

自分の気持ちをわかっていない夫や母親などへの不満、哀しみ……。

聞き流すこともできそうな、ひと言ひと言にカチンとくる連続のとき、もしかしたら問題は目の前のことではなくて、もっと大きなことかもしれません。

「夫だけ思う存分仕事していてずるい！」という不満や、「対等に仕事しているのに家事育児は、どうしてわたしばかり！」という被害者意識。

「もうわたしは〝○○ちゃんのお母さん〟としか呼ばれない」という複雑な気持ち。

子育ての孤独感……。

どうすれば、これらのネガティブな感情（第一次感情）をケアできるのでしょうか？


ネガティブな感情は誰にでもあるものです。

けれど、**今どの感情が刺激されて、何が満たされていないから怒りを感じているのか**、ということを俯瞰して見極め自覚しないことには、なかなか適切な行動がとれるものではありません。

目の前のイラッとしたことを「その言い方ひどくない？」などと感情的に口にして一時的にストップできたとしても、自分のなかの不満や不安は解消されないまま残ります。これでは、いつまでたってもスッキリしません。


悲しい、悔しい、ふがいない……。

そのとき、相手の言葉によって、どんな感情が刺激されたのか。

満たすことのできない自分のこうしたネガティブな感情と向きあうことは、ときに自分の「弱さ」「無力さ」を認めることにもなるので、目を向けたくないと思うこともあるかもしれません。

でも、それを怒りとして表現したままでは状況は変わりません。

苦しいかもしれませんが、しっかり向きあっていきましょう。

怒りをぶつける前に「私も大変なの」

「子どもは好き放題やって自由気まま。わたしを困らせてばっかり！」

「夫は子育てに協力しようとしないし、わたしの大変さをわかっていない！」

「すべて思うようにならない！　わたしは不幸のどん底で、この先、幸せを感じたり、温かく受け入れられることもきっとないんだろう……」

そんな絶望感に打ちひしがれているお母さんもいます。

でも、自分の不満、ストレス、悲しみを、自分の生活のすべて、人生のすべてととらえて絶望する必要はありません。

具体的に思い起こしてみましょう。

「○○してほしいのに、してもらえない」「○○したいのに、できない」

つい恨み節や、人のせいにしたくなることってありますよね。

感じていた不満や悲しみを放置すると、それは怒り、憎しみとなってしまいます。

その不満について、誰々がああだから悲しいとか、こうだから腹が立つ、

という考えをグルグル巡らせるのではなく、できることがきっとあります。

自分の気持ちを素直に話してみることも、そのひとつ。

１００％の解決にならなかったとしても、怒りとして表現するより、よっぽどわかってもらえるもの。

そして、「そうか、そんなふうに思っていたんだね」「そうだよね、大変だよね」と、わかってもらえたときのスッキリ感は意外と大きいもの。

イライラしたら、今まで習慣のなかった「自分の第一次感情を見つめる」練習から始めてみましょう。

いまにもキレてしまいそうな衝動を鎮めるには？

意識をそらす4つの方法

第一次感情を見極めることができたら、次はネガティブ感情で心のコップをあふれさせない方法を考えていきましょう。

怒りの限界にきたときは、子どもに何か言う前に、まず自分の気持ちを鎮める必要があります。

前章で、衝動的な怒りは6秒でおさまるという話をしました。ここからは、6秒をやり過ごして反射を抑える方法を紹介していきます。

①呼吸リラクゼーション

怒ると無意識のうちに呼吸が浅く早くなります。あえて呼吸をゆっくりすることで、気持ちを落ち着けることができます。

1呼吸15秒程度かけて、お腹をふくらませるように息を吸い、ゆっくりと息を吐きます。吸った時間の倍くらいかけて吐き切りましょう。**吐くほうを丁寧に、ゆっくり、息を全部吐き切る**ことが大切です。

「頭ではわかっていても、つい怒鳴ってしまう……」と思う人には、感情的に言葉を投げつける代わりに、深呼吸するように、ゆっくり話すようにするだけでも効果があります。

深呼吸により、交感神経の興奮を抑え、副交感神経の働きを強くするので、緊張状態から解放され、心身をリラックスさせられます。

そして、代謝バランスも改善してくれるので、怒っているときだけでなく、日常的に習慣化するといいですよ。

② コーピングマントラ

自分の気持ちを鎮める言葉をあらかじめ用意しておき、**イラッとしたときに自分に言い聞かせる**方法です。

誰かに「大丈夫だよ」と言われて落ち着いた経験があると思いますが、「大丈夫、大丈夫」「たいしたことない」など、それを自分でやってみます。

どんな言葉でもかまわないのですが、「ありがとう」と5回言うのもおすすめです。

怒っているときに、ありがとう？と疑問に感じるかもしれませんが、感謝の気持ちを再確認することで、次に出てくる言葉も変わり、怒りを望ましく

ない形で爆発させずに済みます。

子どもと一緒に楽しいフレーズを考えて、怒りそうになったときは必ず、たとえば呪文のように「ビビデバビデブー」と言う、あるいは単調なメロディーを口ずさむ、と約束して一緒に習慣にすることも効果的です。

そして、それを言っている間は、怒る行動は一切しないと決めましょう。

③グラウンディング

怒りを感じたときに、反射的に言葉を発しないために反応を遅らせる方法です。

怒っているとき、頭のなかには次から次へといろいろな考えが浮かびます。「またか！」「この前も言っているのに」などなど走馬灯のようにイライラをふくらませる考えがめまぐるしく浮かんでくると、自分で自分の怒りをどんどんあおってしまいます。

そんな怒りに囚われてしまいそうになったときに試してもらいたいのが、目の前にある何らかのものに意識を集中するという方法。

たとえばペン、スマホ、本、コップ、自分の爪、何でもいいのです。よくよく観察してみましょう。ペンの形、スマホの傷など、じっくりと観察してみます。目に入ってきたどんなものでも、形のあるものなら何でもかまいません。

怒っていることの原因も解決策も一切考えずに、**ただ「今」「この場」に集中し、怒りを大きくしかねない「過去」も「未来」も考えない**ようにします。

瞑想や座禅のように、目をつむる、あるいは空間を眺めて心を集中させるといったことは、慣れていないと、なかなか難しくハードルが高いもの。

1点に視点を集中させる方法であれば、簡単にできるのではないでしょうか。

実は、この視点を1点に集中させて頭のなかの雑念を取り払う方法は、ヨガの片脚立ちポーズをするときにも使われています。

意識を今、この場に釘付けにすることで、怒りを大きくさせかねない雑念を取り払うのです。一時的に怒りから離れることで、心を落ち着けてから行動に移せるようになりますよ。

④タイムアウト

激しい怒りを感じて、その場にいては爆発を我慢できないようなときには、**いったんその場から離れる**ということも有効です。

無理にその場にとどまっているがために、言わなくていいことを言ってしまったり、手が出そうなときには、「逃げるのは卑怯」と思わずに、タイムアウトをとって最悪の事態を避けましょう。

ただし、その際には必ず「5分くれる?」「今は冷静になれないから、10分後に話そう」など、ひと言伝えてから間をとること。

何も言わずにその場を立ち去ると、「ママは戻ってこないかも!」と子どもがパニックになってしまったり、戻ってきたとき、「どこ行ってたんだよ!」と、さらに事態が悪化することがあるので、必ず再開がある前提で行いましょう。

怒りを超客観的に見つめてみる

「温度」をつける、紙に書き出す

怒りの衝動を抑えることができたら、次は、怒りをうまく扱うための方法を3つ紹介します。

①怒りに温度をつける

怒りをコントロールしにくいと思う理由の1つは、基準がないから。
そこで怒りにも基準を設けましょう。
怒りは、スイッチのようにON・OFFで切り替わるというようなものではなくて、幅のある感情。その**幅を数値化**して、自分の抱える怒りのボリュームを理解できると、突然扱いやすいものになります。

学校の成績表が5段階で示されたり、気温が何度と言われるとイメージしやすいのと同じこと。

10度を最強点として考えてみましょう。10が人生で最高に強い怒り。0度は穏やかな状態（図3）。

今、目の前にある自分の怒りは何度くらいですか？

おそらく子どもに対する怒りは、勢いづいているほど温度が高くないもの。

温度を感じて、それ相応の怒りとして対処できるようにしましょう。

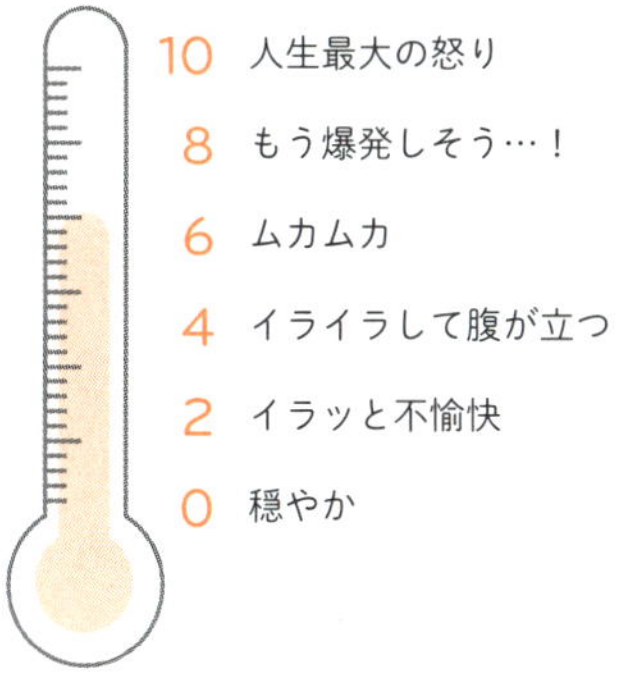

図３：怒りを温度で表すと…

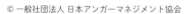

②ストレスログ

心のコップがあふれる原因にもなる自分のストレスを客観的に見てみましょう。

まず最初に、自分の感じているストレスを書き出し、2つのポイントで見極めてみます。

●それはコントロールできるのか、できないのか？

●それは自分にとって本当に重要なことなのか、そこまではないのか？

次ページに例を示しました（図4）。「・」が具体例です。

実際に書き出してみると、自分の力で変えられる範疇のことなのか、そうでないのかがハッキリしてきます。

すると、**どうにもならないことに対して、よけいなイライラを持ってもどうしようもない**ということに気づくはず。逆に、自分にできることも見えてきます。

そこを見極められるようになると、自然とコントロールできることに意識が向き、

	コントロールできる（自分で変えられる、変えたい）	コントロールできない（自分では変えられない）
重要	・何度注意しても道路に走り出してしまう ・ゲームを始めると止められない **アプローチを変える！** →現状を改善する現実的なアプローチを具体的に考える（いつまでに、どの程度、どうやって変えるか）。	・担任の先生が気に入らない ・子どもの夜泣き **できる対策を立ててイライラを減らす！** →どうやっても変えられないことには、現状を受け入れ、過剰な怒りが起きないように対策を立てる。
重要ではない	・家のなかがつい散らかる **後回しにできることは、今やらない！** →優先順位の低いものは、時間に余裕のあるときに取り組めばいい。	・ママ友の噂話 **かかわらない、気にしない、忘れる、ことも大切！** →変えられなくて重要でないと判断したら、それがストレスの原因と思わない。

図４：ストレスログの書き出し例

必要なことにエネルギーをかけられるようになります。

③ 24時間アクトカーム

どんなにイライラしても怒っても、自分の感情に関係なく、これから24時間だけは、徹底的に穏やかに振る舞ってみる方法です。

言葉遣いや表情、振る舞いを穏やかにしてみる、など自分の行動を変えることで世界がこんなにも変わるのか、ということを、身をもって感じることができます。

自分の言葉の選択で子どもから返ってくる返事が違うこと、自分の態度の違いで子どもの反応が違うことを実感できるでしょう。

わたし達は、つい相手に変わってほしいと思ってしまうものですが、**人を変えるよりも、自分が変わるほうが簡単で、意味がある**と気づくことができます。

24時間は長くて大変そうと感じるかもしれませんが、とにかくやりきることが大切です!

「心のコップ」の水があふれる前に抜く習慣

１、２分でできる気分転換

子どもを１日パパに預けてゆっくりできた日は、ささいなことで怒らないもの。
でも、そんな日は稀。お母さんの心のコップは、いつでもいっぱいいっぱいです。
心のコップがいっぱいになっていると、誰だって怒りやすくなってしまいます。
そこで、日頃から心のコップの水がいっぱいにならないようにしておきましょう。
ここからは、心のコップの水を抜くためのメニューを紹介します。

①身体リラクゼーション

ジョギング、水泳、ヨガ、ストレッチなどの**有酸素運動**をすることで、いい精神状態を保つことができます。

あまり激しい運動はリラックス効果がなく、筋肉をほぐす程度のストレッチをするだけでも効果があります。

一定以上の時間行うと、脳から「幸せホルモン」とも呼ばれる化学物質のセロトニンが放出されるので、ストレスを緩和しリラックスすることができます。

また、笑顔を作ってみることも効果があります。

たとえ、作り笑顔でも、口角を上げると顔面筋の緊張がほぐれ、それが脳に作用してリラックス効果が得られ、ストレス軽減につながります。

②ハッピーログ

嬉しかったこと、楽しかったことを、できるだけ多く出してみます。

どんな小さなことでもすべて書き出してみましょう。子どもができるようになったことや、美味しいものを食べた、園に送っていく道の信号が全部青だったなど、**どんなささやかなことでも、良かったことを思い出して書き出します**。

怒りやすくなっているときは、嫌なことにばかり意識が行ってしまい、身の回りにあるいいことを見落としがち。小さないいことに意識的に目を向けることで、ポジティブ目線になれます。

嬉しいこと、いいことは、何度も反芻《はんすう》したり、紙に書いて意識的に心にとどめることで心のバランスが取れます。

③ 気分転換できるものを用意

旅行やマッサージに行くなど、時間がないとできないことではなく、小さなことでも気分転換はできます。

たとえば、アロマを焚くとか、子どもの笑顔の写真を見る、もっと小さいときの動画を見るなど、1、2分でも気分が良くなるものを用意しておくといいでしょう。

子どもが描いてくれた絵、お手紙を見るなどして愛情を確認するのもいいですね。

いくつかご紹介しましたが、心のコップがネガティブな気持ちでいっぱいにならないように日頃から水を抜いていく習慣が大切です。

心のコップはプラスとマイナスの感情でバランスが取れます。楽しい、幸せ、といったプラスの感情をたくさん心に取り入れて、怒りやすい状態から解放されましょう。

第4章

子どもの心にしっかり届く叱り方

怒っても聞かない。だったら他のアプローチを！

「叱る」ことの真の意味

そもそも子どもを叱るとは、どういうことでしょう？

「怒る」というのは、自然と湧いてくる感情を外に出したもの。自分の守りたいものを守りたい、何かを変えたいという主張（メッセージ）です。

つまり、自分のためにしていること。

一方、「叱る」とは、相手本位なものです。親が子どもを叱ることはあっても、子どもが親を叱ることはないように、立場の上の人が下の人に、アドバイスだったり、改善や成長を促すための行為です。

ですから、**良くならないようであれば、叱っている意味はない**のです。

子どもを叱るときに忘れてはいけないことは、「何のために叱るのか」「どうなってほしいのか」をお母さんがわかっておくこと。

怒りに支配されてしまっているときは、ついつい感情にまかせて衝動的に怒ってしまいがち。でも実はこのとき、自分が何を問題としているのかがわからなくなってしまうことが多いのです。

そうすると、怒るも叱るも似たようなことになってしまうんですね。

手っ取り早く言うことを聞かせたい！

とはいえ、子どもが大騒ぎしたり大泣きすると、目の前の状況を「手っ取り早くなんとかしたい！」と思って、つい自分の欲求を優先させてしまい、怒鳴ったり、脅したりという方法で子どもを服従させたくなってしまうかもしれません。

「子どもに言うことを聞かせたい」「子どもをコントロールしたい」という気持ちが、自制心より勝ってしまうんですね。

しかしそれは、残念ながら支配欲であって、しつけではありません。

本当は子どもへの愛情がたっぷりあるのに、その愛情の吐き出し方がわからず出口に迷ってしまうと、それが「支配欲」となってしまうことがあります。

そこから口喧嘩に発展してしまうと、今度は個対個になり、「勝ちたい」という意識が生まれ、さらに強く怒鳴ってしまう……。

あるいは、親の権力を振りかざして脅す……という手段に出ることも。

親の側に「自分の言うことを聞かせたい」「言い負かされたくない」「勝ちたい」という気持ちが生まれてしまっ

たら、それは叱っているとは言えないのです。

ここで忘れてはいけないのは、親と子どもの関係では、力が釣りあっていないということ。親のほうが経済的にも、行動力・判断力においても勝っていて、すべてにおいて決定権を持っています。子どもが反論するにしても限界があります。

怒りは高いところから低いところへ流れます。支配欲が出てきてしまったら、親のほうが力が上だということを、どうか思い出してください。

「怖い怒り方」はだんだん効かなくなる

「怒り」は「万能感情」とも言われています。

怒りを爆発させ、言いたいことを言いたいがままに発散できたときに感じる高揚感と満足感。これは実は、自分が万能の神になって相手に打ち勝ったような強さや権力を一瞬感じられることからくる感覚です。

ただ、怒りを爆発させることで、自分がストレスから解放されるように感じるのは、実は錯覚です。怒鳴ることは、怒りを和らげてはくれず、むしろ自分を奮い立たせ、いっそう怒りを強めてしまいます。

怒鳴ることで得られる満足感は、癖になってしまうことがあります。

「怒鳴ったら、（子どもがびっくりして）言うことを聞いた」という経験があれば、「また怒鳴れば言うことを聞くかな？」と思って、ついやってしまうことが多いもの。

それが自分のパターンのようになると、イライラするたびに、つい反射的に繰り返してしまうかもしれません。

はじめのうちは、子どももびっくりしたり、怖がったりして、行動を改めるかもしれませんが、何度も繰り返すうちに慣れてきて、効果がなくなっていきます。

「うちの子は怒鳴らないと言うこと聞かないから……」とおっしゃるお母さんは多いのですが、はじめはやさしく言っていたのに、強く言わないと聞かなくなった。次に怒鳴らないと聞かなくなった……。これを続けていくと、あとはエスカレートしていくしか道がなくなってしまいます。

脅すのも、同じです。「脅す」というのは、問題としていることに関係がないことを

口実に、子どもに言うことを聞かせようとすること。
「怒鳴る」も「脅す」も、子どもは叱られた意味を本当に理解して行動を改めるわけではなく、「怖いから言うことを聞く」のです。
「怒鳴る」「脅す」ではない、改善につながるコミュニケーションができるといいですよね。その方法については、次項から詳しく紹介します。

あれこれ叱るより1つに絞ったほうが確実に届く

「また脱ぎっぱなし？」「この前だって」

叱るときにまず大切なことは、言うことを1つに絞ること。これが一番効果大です。たくさん言えばたくさん伝わると思うのは間違い。

あれもこれも言えば、子どもは何を言われたのかよくわからなくなるもの。

たくさんのことを同時に言うことは、混乱させる以外の何ものでもありません。叱りたいことがあったら、できるだけその場で、そして目の前のこと1つについて叱りましょう。

「どうして脱いだ靴下を洗濯カゴに入れないの？　脱いだら、すぐ入れなさいっていつも言ってるでしょう」

「この前も出すのが遅いから、いつまでも洗濯始められなくて困ったのよ」

「あのときだって、脱ぎっぱなしのままで、片方『無い無い！』って散々大騒ぎした結果、新しいのを買いにいくハメになったでしょ」……

　文章にすると、いかに話があちこちに飛んでいるかがわかるでしょう。

　そしてそれを聞いた子どもの頭が、「この前」「あのとき」を思い出そうとして、いっぱいいっぱいになる様子が目に浮かぶことでしょう。

大人からすると、「脱いだ靴下を洗濯カゴに入れないと、いかに困るか」を伝えたくて、「この前も」と言っているのですが、子どもにとっては、同時に注意されても、まったくリンクしません。

「今日は怠けたんだけど、この前はお母さんが早くって急かすから、〝早く〟に気を取られて、1足入れるのを忘れちゃったんだよ」など、経緯も理由も感じたことも違っていたりするのです。

どれだけやってほしいかをアピールして、つい多くのことを言ってしまいがちですが、「脱いだ靴下は洗濯カゴに入れて」だけをそのまま伝えたほうがわかりやすいです。「この前も」「あのときも」と言うのはやめましょう。

「靴下は洗濯カゴに入れて」とビシッとひと言

さらに言えば、ある程度以上の年齢にもなれば、「そんなこと言うなら、お母さんだって、ちゃんと洗濯出しても、靴下片方なくしちゃうことあるじゃない」と反撃したい気持ちにかられます。

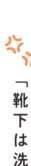

「口答えしないの！　お母さんの揚げ足とってないで、まず自分のことを自分でできるようにしてちょうだい。もうじき小学校にあがるんでしょ？　そのままじゃ……」

こんなやり取りを繰り返してしまうと、「もう！　今言いたかったことは、いったいなんだったっけ？」となってしまうことも……。

ただの言い争いになって、時間と労力をロスしてしまいかねません。

夫婦間でも同じこと。家族には、気持ちを吐き出しやすいので、つい口をついて出てきてしまいますが、粗探しみたいになってしまいます。

あれこれ言うことがいかに逆効果か。

「10言えば8くらいわかるだろう」ではなく、**「1言って1をキッチリ伝える」**ほうが意味のある叱り方になります。

「なんでやらないの？」は「どうしたらできる？」に

「なんで片づけないの？」と聞かれても…

叱るときどんな言い方をよくしますか？

たとえば、お片づけをしない場合。

「なんで片づけないの？」「何回言ったらやるの？」「いいかげんにしなさい！」「だらしがないわね……」「それでいいと思ってる？」……

これで、本当に言いたいことは伝わっているでしょうか。

素直な子どもが〝文字通り〟受け取って、理解できるセリフになっているかどうかを確認してみましょう。

●「なんで片づけないの？」↓　あいまいな返事しか返ってこないことが多い
●「何回言ったらやるの？」↓　何回か数えて答えてほしいわけでもない
●「いいかげんにしなさい！」↓「いいかげん」が何なのか抽象的で伝わりにくい
●「だらしがないわね……」↓「あなたはだらしない」という刷り込みになる

大人にとっては「片づけないことが良くないこと」「いつも言っているから、わかっているはず」という大前提に立って、それを強調するための表現かもしれませんが、逆に子どもにはわかりにくくなっていることがあります。

なかでも効果がないのは、怒っているときに「なんでやらないの？」と怒って言うというもの。

なぜなら、やらなかった理由をネタに怒ることに、あまり意味はないからです。返ってくる返事といえば、だいたいが言い訳だったり、「もっと遊びたかった」「面倒くさかった」などのあいまいなもの。

そして、このあいまいな返事によって、さらにお母さんの怒りの火に油を注ぐことになりかねません。

そもそも「なんで？」と聞かれると、なんだか責められている気がして、言い訳を考えたくなってしまうもの。らちのあかない話になって、結局、論点がずれてしまいかねません。

これからすることに目を向けさせる

あるお母さんが、「恥ずかしがり屋な息子が、人から挨拶をされても挨拶を返せないことに対して『なんで挨拶しないの⁉』と問い詰めてしまう」と言っていました。

あとで落ち着いてから、「どうして挨拶したくなかったの？　理由があった？」と聞いてみれば解決するのですが、怒っているときに強い口調で「なんで挨拶しないの⁉」と言っても話は解決に向かいません。

そこに時間を使うくらいだったら、近道をいきましょう！

「どうしたらできる？」とできそうなことを考えるのです。

これを〝ソリューション・フォーカス・アプローチ（未来解決思考）〟と言います。

つまり、どうしてできなかったのか、何が悪かったのかを悩んだり、分析することに時間を使うのではなく、「これからできるようにするためには？」「どういう状況を作り上げたいか？」を考えて、〝未来に目を向ける〟というアプローチです。

できなかったことを責めるニュアンスの「なんで？」という言い方をやめて、「どうしたら（……できる？）」と、これからの可能性に目を向けましょう。

子どもの意識も、〝過去（できなかったこと）〟に行かず、〝未来〟に向かうので、主体的にやる気が起きやすくなります。

「いつも○○しない」と決めつけない

ゴミを捨てないのは本当に毎日？

他にも、関係を悪化しかねない叱り方があります。

それは、おおげさな表現を使ったり、理由を決めつけたりすること。

たとえば、「いつも服を脱ぎっぱなしね！」「毎日お菓子のゴミ捨てないよね！」「自分から絶対に先生からのお手紙出さないね！」「必ず口答えするね！」といったもの。

親はおおげさに言うことで、いかに悪いかを理解させようとするのですが、むしろ反発心をあおりますし、**正確な表現ではなくなってしまい逆効果**です。

「いつも○○しないね」といった出来事は、たしかに怒りたくなるほど「しょっちゅう」なのかもしれません。

でも客観的に聞くと、子どもがよく使う「みんな持ってるから買って」「そんなことみんなしてるよ」の「みんな」に聞こえませんか？

「へー？　ほんとにみんななの？　全員？　そんなわけないでしょ！」と、つっこみたくなりますよね。

大げさな表現は反発心をあおるだけ

このような「いつも」などのおおげさな表現を使ってしまうと、事実を歪んで扱ってしまっていることになり、反論したい気持ちにさせるのと同時に、「できた1回」を無視していることにもなります。

「昨日は忘れずにお菓子のゴミを捨てたのに……」

「言われなくてもお手紙ちゃんと出したことだってあるのに……」

「お母さん見てくれてなかったんだ……」

など、ちゃんとやっても褒めてもらえないし、やっても見てもらえない。**どうせやってもやらなくても怒られるんだと、子どものやる気が上がらなくなってしまう**ので、注意が必要です。

理由を決めつけて叱るというのも、逆効果になる叱り方です。

「どうして言うことを聞かないの。反抗ばっかりして！」
「あわよくば、やらないで済ませようとしているでしょ！」
「また嘘ついたわね！」

など、子どもにはそれなりの理由があるかもしれないのに、その行動の原因を勝手に決めつけて叱ってしまうと、子どもの反発心をあおるだけです。

本当は、忘れているだけだったり、大人には思いもよらない理由があるときもあります。

行動の改善を促したいのであれば、頭ごなしに決めつけて叱るのは要注意です。

「叱る基準」を作ることでイライラが消える

同じことでも怒る日・怒らない日が

こんなこともよくあります。

今日は朝からやることなすことうまく回らず、ほとほと疲れた。

いつもは、子どもが座ってごはんを食べないことは注意するけど、それ以外は大目に見ている。

でも、今日はとにかくムシャクシャして、姿勢やら箸の持ち方やら、口に食べ物を入れたまましゃべることにさえ腹が立って、怒ってしまった……！

これは明らかに、叱る基準がお母さんの〝機嫌〟になっています。

もちろんいずれは全部できていてほしいことばかりですが、子どもの現状を無視して機嫌ですべてを要求しては、お互いにイライラが溜まってしまう一方です。

94ページの「大目に見ることを増やす」に沿って、大目に見ると決めたことは、機嫌が良くても悪くても、一貫するようにしましょう。


たとえば、危険なことは叱りますよね。

1歳の子がハサミを持ったり、ビニール袋で遊ぶことを禁止したり。小学校に入る年頃でもひとりで火を使うのは禁止したり。他には、お友達に手をあげるのを禁止したり。こうした危ないことについては基準を設けているという人も多いでしょう。

それ以外のことでも同じように**基準があったほうが、子どもにはわかりやすくていい**のです。

ただ、学校の規則やルールと違って、家庭はお父さんとお母さんだけであいまいに運営している小さな社会。

ルールがその場その場で決められたり、機嫌で決められる、ということのないようにしましょう。

親の機嫌次第にならないように注意

叱る基準が先のようなお母さんの機嫌になっていて、昨日は許されたことも、今日は何から何まで怒られちゃう……となると、子どもにとってお母さんの機嫌は死活問題！

先ほども言いましたが、親と子どもは力が釣りあっていない関係です。親のほうが圧倒的に力があり、ルールを決めるのも罰を与えるのも親。

それだけに、善悪の判断より、お母さんの機嫌のほうが大切にもなりかねません。

「妹に意地悪をしないのは、お母さんが怖いからではなく、いけないことだから」
「お手伝いをするのは、しないと怒られるからではなく、それが思いやりであり家族のメンバーとしての役割だから」

本来ならば行動の基準は、親の機嫌ではなく、善悪やマナー、思いやりです。

そのことを子どもにしっかり伝えてあげなければなりません。

それには、叱られているときに、その基準が見えてこないと、なかなか価値観が育めません。


もちろんお母さんも人間ですから、多少の機嫌の良し悪しはありますし、家庭内がルールでガチガチに縛られているというのも不自然です。

もし、自分が体調や過労でどうしても機嫌が良くないのであれば、むしろその理由を伝えて、**子どものせいではない**と言ってあげましょう。

たとえば、「今日は疲れちゃったから、機嫌が悪くなりそう」「つい強く言っちゃってごめんね」「そこまで悪いことしてないのにね」などと伝えてあげれば、子どもも安心できます。

叱られている基準が子どもにも見えるようにしましょう。

ダメなことをしても「ダメな子」とは言ってはいけない

つい無意識に発する人格否定の言葉

「人格なんて否定しないわよ、当然でしょ」と思われるかもしれませんが、意外と落とし穴はたくさんあります。

たとえば、「ほら、早く！　まったくトロいんだから……」「お友達にそんなこと言ったの？　ひどい子！」「ほらまた宿題しないでゴロゴロして……怠け者なんだから」「ほんと乱暴よね！」……

トロい、ひどい、怠け者、乱暴者のように抽象的な言い方でダメ出しをしたり、侮辱したり、批判的なことを言いすぎたりするのは、人格を否定しているのと同じこと。

子ども達はお母さんに自分を見ていてほしいし、認められたいし褒められたいもの。免疫のある大人なら聞き流せるようなちょっとした言い回しでも、純粋な子どもにとっては自分の行動の一部を言われているとは受け取れず、自分自身が否定されていると思ってしまうことがあります。

それがまして親に言われた場合、**言葉通りに受け取ってしまう**ことがあるのです。

小さな子どもにとって、親は万能の神にも匹敵する存在です。

なにしろ、自分の生存のためのすべてであり、他に自分を愛してくれる人も自分を守る方法も知りません。

その人の言うことが間違っているという判断はまだできず、むしろ「親は完璧で正しい」と信じてこそ、親の元で安心していられるのです。

だから、その言葉の重みというのは、お母さんが思っている以上に大きく、時としてその言葉を丸々疑わずに信じて「内面化」するとも言われています。

「内面化」というのは、侮辱も、ののしり言葉も、けなし言葉も、そのままに「自分はそうなんだ」と刷り込まれてしまうこと。

「あなたは頭が悪い」と言い聞かせれば「僕は頭が悪いんだ」と思い込んでしまうし、「あなたはだらしない」と言い続ければ「自分はだらしないんだろう」と刷り込まれてしまいます。そしてそれは、低い自己評価や自信のなさ、ひいてはネガティブな自己像を作り上げてしまいます。

逆に「あなたはやさしい子よね」と常々言っていれば、自分のなかのやさしさに目を向け、やさしい人として自分を認識していきます。

何より大切な自己肯定感

幼少期は、その子の感覚や能力を育む大切な時期です。「ダメな子ね」「だらしのない子ね」「意地悪な子ね」などの抽象的な表現は、子どもの自尊心を傷つけかねないので、言葉選びには注意が必要です。

お母さんからのダメ出しが抽象的だと、自分が否定されていると感じてしまい、自己肯定感は育ちません。

「自己肯定感」というのは、「自分を肯定する感覚」「自分は大切な存在」だと感じる心の感覚で、この先、自分を信じてたくましく生きていく上では欠かせないものです。

それは、「言うことを聞くから可愛い」とか「勉強ができるからいい子」などの条件付きではなく、幼い頃から「自分の存在を肯定される」ことによって育まれます。

親からの愛情を十分に感じられることで、自分でも「ありのままの自分を

受け入れる力」「自分を大切にする気持ち」が育っていきます。

ありのままの自分を肯定できるようになると、根拠のない自信を持つことができ、それが原動力となって何事にも前向きに「自分なら、きっとできる！」という自信を持って取り組む意欲が生まれます。

子どもを叱るときは、人格・性格を抽象的に指摘するのではなく、子どもの行動・発言を取り上げて、具体的に伝えてあげましょう。

それでは、どのように伝えたら、子どもが直すべきところをキチンとわかってくれるのでしょうか。

次項からは、子どもに伝わりやすい叱り方のポイントを詳しくお話しします。

「うるさい！」より「10分静かに」のほうが響く

「きちんとしなさい」ってどういうこと？

前項で「行動や発言を具体的に叱る」と言いましたが、抽象的ではなく〝具体的に〟とは、どういうことでしょうか。


「お友達にやさしくしないとダメじゃない！」

「よそのお家に行ったらきちんとしなさい！」

「ほらっ、ぼやぼやしないの！」

これらは大人には簡単な指示かもしれませんが、〝まだできていない〟子どもにとって、それは「何をどうすればいいのか」がわからないことがほとんど。叱ったつもりでも、わかるように伝えていなければ、なかなか直せません。

そこで、これはダメ、あれはダメと言うよりも、**「どうしたらいいのか」具体的な行動を示唆する言い方**に変えてみましょう。

たとえば、先ほどの言い方。これらをどのように言い換えられるでしょう？

●ＮＧ「やさしくしなさい！」
↓ＯＫ「お友達が遊具を使いたがっていたら、交替で使うようにしてね」
「困っている子がいたら、大丈夫？って声をかけるのよ」

●ＮＧ「きちんとしなさい！」
↓ＯＫ「お友達の家に行ったら、『お邪魔します』とご挨拶をして、靴は脱いだら揃えるのよ」
「お菓子を出してもらったら、お礼を言うのよ」

●ＮＧ「ぼやぼやしない！」
↓ＯＫ「歩くときは前を見て歩きなさい」

具体的に言われると、行動が取りやすくなるのがわかりますね。
言葉の言い換えは、思いのほか効果があります。
そしてここに、子どもを否定する意味合いはありません。

褒めるとき、お願いするときも具体的に

ちなみに、これは褒めるときにも使えます。
抽象的に「よくできたわね」「いい子ね」と言うより、具体的に「大きな声で発表できたね」「お掃除手伝ってくれて助かったわ」と言うほうが、「大きな声で発表する」＝「褒められるに値すること」、「お掃除を手伝う」＝「お母さんに喜ばれて感謝される」とインプットされるので、再現性が高まります。

具体的に伝えることは、子どもにリクエストするときにも有効です。

お母さんがどうしても疲れていてイライラしているとき、「うるさい！　静かにできないの！」「お母さんを困らせないで！」と言うより、「今すごく疲れているから、10分だけ静かにしてくれる？」というように。

あるいは、子どもの「もっともっと」に答えられないとき、「5分は遊んであげられるけど、お母さんはごはんの準備があるからそれ以上は無理だよ」と言うことで、具体的に何がダメで、何が理由でどこまでいいのか、お母さんが求めているものは何なのかがわかりやすくなります。

そして、お母さんのそうしたコミュニケーションを学んで、**子どもも不満があるとき、怒る代わりに「どうしてほしいのか」を言うようになる**でしょう。

ボディランゲージは言葉以上に伝わることも

しゃがんで目線をあわせて

言葉だけでは限界があるようなことでも、身振りや態度、顔の表情などのボディランゲージを使うと、言葉以上に伝わる場合があります。

たとえば、怒鳴ると効果があると思われがちなことのなかに、「こちら（怒っている側）がどれだけ真剣かが伝わる」ということがありました。

しかし、怒鳴る代わりにボディランゲージを惜しみなく使うことで、それ以上の真剣さが伝わることもあります。

たとえば忙しいからといって、何か作業をしながら顔もろくに見ず、口だけで言い放ってしまうとき。

そこで、手をとめて目の高さをあわせて話をしたら、怒鳴る以上に**「こちらが真剣に向きあっているよ」というサイン**になります。

「しゃがんで目線を同じ高さにして話す」「まず子どもの話や気持ちを聞いて、共感してから話す」「子どもが理解しやすいように、ゆったりとしたスピードで話す」など。

お母さん自身も、単に自分の欲求をぶつけているのではないことを確認しつつ、相手本位で（子どものために）言っていることを確認しながら伝えることができるでしょう。

ハグしながら、手をつなぎながら

なかでもスキンシップは効果があります。

反対の行為に思えるかもしれませんが、タイムアウトを取る必要のあるような強い怒りを感じたときを除いては、怒りたい気持ちをぐっとこらえ、手をつなぎながら叱ることの効果を感じるお母さんも多くいます。

目のつり上がった怖い形相を見せずに済むので、ハグしながら叱ることで効果を感じるお母さんもいます。

たとえ語気が多少強くても、スキンシップしていると、子どもに安心感を与えることができるので、パニックになることも避けられます。

お母さん自身も、**子どものぬくもりを感じているうちに、思いのほか気持ちが落ち着いて、愛情のこもった叱り方ができる**ようになりますよ。

責める代わりに「お母さんは心配」「悲しい」

ｙｏｕメッセージとｉメッセージ

「ものは言いよう」と言いますが、同じ事実でも言い方ひとつで「受け取られ方」が変わることがあります。

アンガーマネジメントは内省のスタンスなので、自分を変えることはしても、相手を直接変えることは考えません。自分が自分の怒りにどう対処するかを見直すことはできますが、相手をコントロールすることはできないからです。

けれども、**自分の「言い方」を変えることで「伝わり方」を変えて、その後の展開を変えていくことはできる**のです。

ここで紹介したいのは、「ｉ（アイ）メッセージ」という方法です。

ｉメッセージというのは、自分を主語にして自分の気持ちを伝えるもの。

それに対してｙｏｕ（ユー）メッセージは、相手を主語にして相手のことを表現するもの。同じことを伝えても、相手に与える印象は違ってきます。

●ジャングルジムの上でふざけている子どもに

【ｙｏｕメッセージ】（あなたは）危ない！　なんでそんなとこでふざけるの！

●家事と子どもの相手で忙しい自分のそばで、ひとりテレビを見て笑っている夫に

【ｙｏｕメッセージ】（あなたは）子どもにおかまいなしでテレビを見てるのね。（あなたは）わたしがこんなに忙しいのに気づかないの？

ｙｏｕメッセージで言われると、どうしても責められているニュアンスがあるため、言われたほうは、つい「落ちたりなんかしないよ！」「この番組おもしろいんだよ。さっき子どもと遊んだじゃないか！」などと、反射的に言い返したくなります。
でも言っているほうは、その説得力のない言い訳を聞くと、さらに腹が立ち「落ちないって言って、この前も不注意で怪我したじゃない！」「テレビがおもしろいからって、目の前の子どものことはどうでもいいわけ？」などと、さらに言い返してしまうことも多いもの。

「わたし」が主語だと反論の余地がない

これを自分を主語にしたｉメッセージで伝えると、どうでしょう？

【ｉメッセージ】（わたしは）落ちるんじゃないかと心配だわ。あなたが怪我をしたら（わたしは）悲しいし、怪我をしそうで怖いわ。

【ｉメッセージ】（わたしが）手が離せないときに子どもを見てくれないと困るわ。あなたが子どもに本を読んでくれたら（わたしは）助かるし嬉しいわ。

そこには相手を責めるニュアンスはなく、話題は、相手の行動ではないので、言い返しのしようがありません。なぜなら、**言っているのは事実である自分の気持ち**。お母さんがどう感じるかは、相手にとって反論する余地のない事実です。

言われたほうは言葉通りに受け取りますし、自分の行動によってお母さん（奥さん）はそう感じるのか、自分がそう感じさせているのか、ということに意識がいきます。

すると、次に出てくる言葉が変わったり、自分の行動を見直すことに意識が向きやすいもの。「心配させてごめんなさい。気をつけるよ」「そっか、そうだね」という言葉が自然と出てくるでしょう。

つい相手を責めたくなるようなときも、一歩下がって自分がどう感じて苛立ちにつながっているのか、自分の第一次感情を探し、それを伝えるようにしてみましょう。

本章では、いろいろな叱り方を紹介してきました。

まずは、できそうなものから取り入れてみてください。

第5章

アンガーマネジメントで親子でハッピーに

「母親はこうあるべき」に縛られていませんか？

園で、学校で、暗黙のうちにあるルール

ＳＮＳが普及している今の時代、面と向かっては言わないような厳しい酷評を目にすることが多くなってきました。

芸能人に対しても、次のような「母親失格節」が広まっていたのは記憶に新しいと思います。

●寒い夜に乳児を連れて外出していた

●子どもがまだ小さいのに、飲みに行っていた

●投稿した写真から子どもの食事の栄養バランスが悪い

そういった記事を目にするたび、自分は大丈夫？と思ってしまうお母さんも多いことでしょう。

どんな事情、どんな人生設計があっても、子どもを持ったとたん、ひとくくりに「お母さん」として扱われ、本人の意思に関係なく、ある一定の期待や責任・義務がついてきます。

育った国、宗教、あるいは家庭環境が違っても、同じ地域に住んで同じ時期に子どもを育てていたら、否応なしに、みんなママ友扱いです。

保育園・幼稚園に通えば、そこには暗黙のルールが待っています。たとえば参観日になかなか出席できない、手作りのお弁当を持たせられないとなれば、子どもに関心がない、子育てに対する責任感が薄いとみなされるなど、**はみ出すと母親失格の烙印を押されてしまうような感覚**……。

それぞれの事情には関係なく、そのコミュニティにおける大多数の暗黙の〝常識〟に反して、陰口を言われてしまえば「生きづらい」と感じてしまうものです。

まだまだ根強い「母親神話」

日本ではまだまだ根強い「母親神話」。

子どもを持ったら、「365日24時間お母さんでいなければいけない」「母親だけが子育てをするもの」という社会通念も根深いものがあります。

1日中子どもとばかり向きあっていては煮詰まってしまうから、たまには子どもを預けてひとりになりたいと言えば、「それは甘えだ」と言われてしまう。

仕事と家庭の両立をはかれば、まだ子どもが小さいんだから預けるのはかわいそうと言われたり、両立がうまくいかず助けを求めれば、「そこまで覚悟して生んだんじゃないの?」と言われてしまう。

そしてひとたび「あのお母さんは常識がない!」とレッテルを貼られてしまえば、そのしわ寄せは自分ではなく子どもにいってしまいます。

お母さん方に「母親でいることがつらくなるのは、どんなときですか?」と聞くとこんな答えが返ってきます。

●育児、家事、仕事とやることがいっぱいで泣きたくなるとき
●誰も自分の味方をしてくれなくて孤独を感じるとき
●いい母親にならなければ、というプレッシャーを感じるとき

お母さん達は、追い詰められています。

「母は子どもに全力で尽くすもの」
「子どもの出来不出来は母親次第」
「子どもを生活の中心にすべき」

これらの考えを否定するつもりはありませんが、これだけが絶対とするのはどうなのでしょう。

お母さん方の知性も高く、知識量も多くなっているなか、人に言われなくても与えられた責任を立派に果たしたいという意識は強く働いています。こうした考えを押しつけ、お母さん達を無責任呼ばわりし追い詰める発言には疑問が残ります。

世間にばかりあわせれば子育てにしわ寄せが

「母はこうあるべき」といったものは、時代、地域によっても様々です。

わたしは7年海外で子育てをした経験があり、いろいろな国の人の多様な子育てに触れる機会がありました。その経験を通して思ったことは、一概には、どの国の子育て法が「万人にとって正解！」とは言えないものだということです。

親子の絆を大切にするアジア的文化もあれば、子どもの自立を重視する欧米文化もあります。アジアの人から見ると、そんなに早くから自立させるの？と思いがちですが、自立した親子関係に愛がないとは思えません。

母親についても、子どもを育てることは極めてプライベートなこととして扱われ、仕事を持っていることは当然、セレブでなければ働いていないのが不思議とされる国もあれば、逆に専業主婦も社会からは立派に尊敬される存在として認められている国もあります。社会の基準というのは本当に様々。

自分では限界ギリギリまで頑張って家事育児をしていても、「専業主婦は気楽だね」と言われてしまったり、逆に仕事と家庭の両方を切り盛りしているのに「子育てをおろそかにしている」と中傷されたり……。

人のことを言うのは簡単ですが、**自分なりに精一杯やっていることを非難されるのは本当につらい**ものです。

自分の常識を振りかざして、違う考え方の人を排除・断罪したい人というのはどこにでもいるもの。

かといって、園ママや祖父母、かかわるコミュニティ全員の「普通」にあわせるのは無理があります。「普通」と言われていることでも、自分のライフスタイルでは相容れないものもあります。

そこにはストレスが生まれますし、ときには反発してしまうこともあるでしょう。でも、こちらの主張を押し通しても、摩擦は大きくなるばかりです。そこに一定の距離を置き、うまくつきあっていくスキルが必要になってきます。

「コアビリーフ」を見つめ直す

アンガーマネジメントでは、このような価値観、さらには自分の信念のことを「コアビリーフ」と呼びます。

「コアビリーフ」は、本人にとってはごくごく当然で、生まれ育ってきたなかで自然と身に付けた常識にも近いものです。

そのため、他人も同じように考えていると思いがちなのですが、とくに価値観が多様化している今の時代には、コアビリーフは人によって実に様々です。

自分のコアビリーフが唯一絶対であると信じていると、それだけ他の人に怒りを覚えることが多くなります。

アンガーマネジメントでは、ストレスと向きあうとき、相手の考えを理解するために、自分にとって絶対と思える「コアビリーフ」をゆるく見直すということをします。

それは、自分の信じるものだけが「絶対」と思っていると、自分が正しくて相手が間違っていると決めつけてしまい、相手に対する怒りが芽生えてしまうことがあるからです。

見直すときは、自分のコアビリーフが自分にとって大切なものであると同じように、他人のコアビリーフもその人にとって大切なものなんだと理解して、尊重するということを行います。**自分を認めるためには、人との違いを認めることが大切**なのです。

自分のコアビリーフを否定することなく、また他人のコアビリーフに迎合しなければいけないと思うこともなく、それぞれのコアビリーフを「個性」としてとらえたほうが衝突は少なくなります。

「この子はこの子、私は私」の考え方

我慢するしかないという思い込みがストレスに

人それぞれの価値観、基準があっていい。それは自然なことです。

ただし、それでもどこかの心無い人に「十分でない」と言われてしまうと、一気に自信をなくし、なんだかやりきれない気持ちになることもあるでしょう。

しかし、決して忘れてほしくないのは、わたし達には「選択肢がある」ということ。

世のなかには「変えられること」と「変えられないこと」があります。

ストレスの原因は、目の前のことが自分のキャパを超えている、自分の力では何も変えられないと思い込んでしまう無力感からきます。

「変えられないことだから自分が我慢するしかない」と、ストレスに思っていることは意外に多いもの。

前章までに扱ってきたような、周囲の人との摩擦、夕方の忙しい時間のやりくり、子どものグズリへの対応など、どうしていいかわからなくなってしまうこともたくさんあるでしょう。

でも、本当に変えられないことなのか、もう一度考えてみてください。

よくよく考えてみてください。本当にそれらはすべて変えようがなく、自分には手の打ちようがないものなのか。

わたし達には「選択肢」があります！

周囲の人との距離感をどう取るかの選択、人の意見をどう受けとめるかの選択、仕事を持つ・家庭に入るという選択、子どもとのつきあい方、自分の怒り方・叱り方の選択……。

すべてが自由自在とはいかなくても、必ずどこかに自分の心地いいポイントが見つけられるはずです。

少なくとも、自分にとって譲れないことが明確になれば、優先するものを守るためにそれ以外のことは受け入れられるものになるでしょう。

●子どもとの時間がほしいから仕事はしない
●自己実現したいから両立を頑張る
●金銭的な悩みから解消されたいから、好きではないけれど、この仕事をする

など、誰かの基準で生きることも、自分の望みを優先することも、自分で選べます。あわせることがベストとは言えません。自分が必要以上に我慢したり、それによってストレスを抱えてしまうと、それもまた大きな怒りを誘発してしまいます。のちに、「あの人のせいで……」という恨み節に変わってしまうことさえあります。つらくなったときには、「自分には選択肢がある」と思い出してください。

子どもの失敗は親の落ち度？

一方、自分の選択に自信を持てず、自分で自分にOKを出せずにいる人もいます。その代わりに、他人から認めてもらうことで満たされたい思いが強く出ることがあります。

「他人から認めてもらいたい、だから結果を出そうと頑張る」という人です。大なり小なり誰にでもあるもので、多くの行動の動機にもなっています。

孤独を感じやすい子育てにおいてもモチベーションになるので、決して悪いものではありませんが、度を超して強い場合は、他の人の目が自分の評価基準になってしまうので、周囲との関係に必要以上に振り回されてしまうことがあります。

つまり、**人の言動によって自分の感情が左右されやすい**ということです。

たとえば、夫が忙しくて子育てに無関心、お姑さんからダメ出しをされる、子どもが思うようにならないなど、いくつもの要因が重なって自信を失うというのは、よくあることです。

ここで家族が「大丈夫だよ、間違ってないよ」と言ってくれれば安心できるようなことも、その環境が整わないと、どうしても家族以外の誰かに、認められることを強く望んでしまいます。

そうすると、身近な園の先生や他のお母さんに「よくできる子ね」「上手に子育てしてるわね」といった褒め言葉をもらいたい……と思ってしまうかもしれません。

さらに他人から認められたい欲求が強くなると、いつもならできるはずのことを子どもが人前でしっかりできないと、自分が認められていないような錯覚から、いっそう子どもに苛立つようになってしまう……こともありえます。


また一方で、「子育て」を仕事感覚で取り組んでいる人のなかには、子育てに「達成感」を求めていることがあります。

子どもがいかにできるか、どこまでできるかが、自分の「成果」になってしまうということです。

でも子どもは親の所有物ではありませんし、大人と違ってまだ未完成なので、成長していくなかでのトラブルや失敗はつきものです。

たとえば、「友達と喧嘩して先生に呼び出された」「年長さんなのにおねしょしてしまった」などの子どものミスは、本来なら成長過程には必ずあることとして、冷静に

自分の評価とは〝分けて〟受けとめ、ここからどう改善していくか、親子でどう学んでいくべきか、を考えていくことができます。

ところが、お母さんが「子どもの立場」と「お母さんの立場」を混同してしまうとどうなるでしょう？

子どもの失敗は自分の落ち度ととらえてしまったり、さらには完璧な母でいたいがために「子どもに失敗してほしくない」という意識が強くなって、子どもの失敗によるストレスが一気にふくらみます。

親と子は別々の人生を生きている

さらに失敗が続くと、「この子のせいでわたしは謝ってばかり」「この子のせいでわたしはダメな母親として扱われる」というふうに、子どものミスが自分の評価とイコールになってしまい、自分に敗北感を与えた子どもへ怒りが向いたり、先生や他のお母さんを非難するといったお門違いな方向に怒りが向きます。

ともすると、子どもを「自分の足をひっぱる存在」ととらえてしまうことも……。

これでは、子どもの出来不出来に一喜一憂し、精神的に疲れてしまいます。

そうならないためにも、自分と子どもを同一化しない、子どもは自分の一部でも、作品でもない、子どものミスは自分の失敗ではないことを自覚しましょう。

子どもはいずれ巣立っていくもの。それが自然です。

親も子も別々の人格であり、それぞれの人生を生きていきます。

決して無責任とは違い、責任はあくまでも自分の手のなかにありながら、母親神話に縛られて自分の選択の基準が他の誰かの基準になってしまわないように、自分を大切にしたいもの。自分の価値観、基準は大切にしていいのです。

他人の評価によって、自分の子どもへ向かう感情が、不満になったり、満足に変わったりするということは、自分の感情のハンドルを他人に委ねていることになります。それは、他人への依存が高いとも言えるのですが、**「他人がどうあなたを評価するか」というのは、自分ではどうにもできないこと**です。

「誰からも嫌われずに、誰にも迷惑をかけずに生きていきたい」と思っても、すべての人から賞賛されるように立ち回る生き方は、不自由極まりないものですし、子どもにも負担が大きすぎます。

協調する、ということと、人にあわせて自分の喜びを見失う、ということは違います。自分の感情のハンドルはしっかりと自分で握りましょう。

頑張って子育てしている自分にOKを出そう

家事は完璧でなくていい、いつも笑顔でなくていい

「怒り」は、誰もが持って当然の感情です。

でも、もし母親としての罪悪感・自己嫌悪にさいなまれているとしたら、自分のすべてを否定しないで、自分の「どこ」が嫌なのか具体的に注目してみましょう。

たとえば、「イライラして感情を子どもにぶつけてしまう」ところなのか、「子どもの気持ちをわかってあげられない」ところなのか。

あるいは、「疲れていて夜泣きしても起きてあげられない」ところだったり、「毎食栄養バランスのいい食事を作れない」ところだったりするかもしれません。

このような理由で自分をダメな母親だと思い込み、子どもとのかかわりすべてに自信をなくして悩んでいる人もいらっしゃるのではないでしょうか。

でも、それはあなたのすべてではありませんし、**子どもの記憶のなかでは、怒っている以上にやさしい笑顔のお母さんのイメージのほうが大きいことだってあります。**

ですから、まずはお母さん自身が自分を否定することをやめてみましょう。

自己嫌悪や罪悪感というのは、持ってもあまりいいことがありません。それらは、お母さんのストレスとなって心のコップに溜まってしまいます。

心のコップがあふれると、どうなるか覚えていますか？

そう、なおさら怒りやすくなってしまうのです。

罪悪感を強く持ってしまうお母さんは、反省していたはずなのに、子どもが次にまた同じことをしたときに、一層強く怒ってしまう傾向があります。

なぜなら、そこにはまた自分が苦しくなる、という意識が働いているから。

育児をしていることで、自己嫌悪や罪悪感ばかり感じていては、「自分」も「子育て」も、そのものが嫌になってしまいます。

でも、嫌なのは、自分が勝手に「意味づけているもの」であって、自分でも子育てでもありません。

自分も子育ても、つらいと否定する必要なんてないのです。

今日も１日よくやった！

ここからは、子育てに奮闘中のお母さんの自信を少しでも回復できそうな方法を紹介します。ぜひ参考にしてみてください。

●自分にＯＫを出す

つい、できていないこと、子どもに与えてあげられないことばかりに目がいってしまうかもしれませんが、できていることもたくさんあるはずです。

たとえば、子どもの健康管理はどうですか？　風邪を引かせていないとか、虫歯がないとか。

あるいは、熱中できる好きなことを見つけてあげられた、わがままでも自分の気持ちに素直に育っている、お行儀は悪いけど食欲は旺盛など。

思い返してみると、自分ができていることや、子どもの成長に満足できることがたくさんあることに改めて気がつくと思います。

母親としての自分を否定する必要なんてありません。**ささいなことでもいいので、もっと子どものいいところや自分の頑張りを積極的に認めてみましょう！**

そもそも自信とは「ポジティブな思い込み」と言われています。

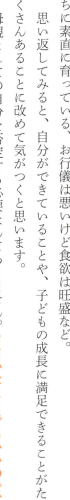

そして、その自信によって、結果的にいい回転が始まることも多いもの。よく頑張っている自分を確認して、自信につなげることも大切です。

●他の人も褒める

いいところに目が向くようになると、他の人のいいところにも気がつくようになってきます。周りの人のいいところを見つけて褒めるようにしましょう。

もし、すぐに自分にＯＫを出せなくても、他の人といい人間関係を築くことで、自分のセルフイメージを高めるきっかけを作ることができます。

褒められた人は、褒めてくれた人のことも好意的に思い、褒め返してくれることが多いものです。温かい目で自分や子どもを見てくれる人に、きつい言葉を返してくる人はあまりいません。

そこで、**まずは自分から歩み寄ることで、敵意を取り除き、良好な関係を作る**ように心がけてみましょう。周囲の人と助けあえるようないい関係が作れると、自分への自信が取り戻せます。

●自慢はしない

「うちの子は、2歳の誕生日前におむつが取れたのよ」「うちはパパが協力的で、何でも手伝ってくれるから、子育てがラクなの」。

こんな言葉によって、焦りを感じたことはありませんか？

「え？　うちの子3歳近いけど、おむつが取れる気配がないわ。大丈夫かしら……」

「それに引き換え、なんでうちのパパは全然何もやってくれないのよ！」

自分や子どもがどんなに秀でているか、どんなにいい環境に身を置いているかを自慢するのは、周りの人にとってはプレッシャーや焦り、あるいは自信喪失を促してしまいます。

そして、その**自慢はひがみや嫉妬となって、結局自分のところへ嫌な形で戻ってきます**。

もし逆に人から嫌な攻撃をされても、人は人、自分は自分、子どもの成長も個性ととらえて、し返さないことが懸命です。

大事にしたいことに優先順位をつけてみる

子育てに自信が持てない理由の1つに、「どうしても人と比べてしまう」「自分にないものを願ってしまう」ということがあるかもしれません。

たしかに隣の芝生は青く見えてしまうものです。

でも、たとえ自分が100%満足したとしても、次は家族、次は環境、それらが揃えば、今度は子どもの能力、結果……というように、次から次へとまた新たな不満を探してしまうものです。

そこで、まずは自分が大事にしたいことに優先順位をつけてみましょう。一番大事にしたいことを明確にしてみると、必然的にそれ以外のこと、たとえば周囲からの評価などがあまり気にならなくなります。

たとえば、あなたの大事にしたいことが「子どもの気持ち」だとしましょう。すると、判断がつきやすくなりませんか。

もし子どもが問題を起こして、学校の先生から電話をもらったとしても、先生の評価や自分のプライドは後回しにすることができ、電話をもらったことでパニックになったり、子どもを叱り倒したりすることなく、「子どもの話をまず聞く」という対応ができるでしょう。

どんな気持ちでどんな背景があってのことなのか。何よりもまず先に、子どもと感情を共有するのです。そして事実を確認してから、どんな解決方法があるかを子どもと先生と相談しながら考える、ということもできます。

ひとりで抱え込んで自分のしつけが悪かったと卑下したり、「子どものせいで……」と悩んだりする必要もありません。

子どもの気持ちを共有してあげると、自然と子どもも、お母さんの「困っちゃったわ……」という気持ちも共有してくれるようになります。

優先することが明確になると、おのずとストレスの原因が少なくなるものです。自分にとって優先されることを大切に、目の前の子どもとの信頼関係を築けていれば、自信を失ったり、他人の評価に振り回されることはなくなりますよ。

意外に大人！もっと子どもに頼ってもいい

「まだ小さいからわからない」と決めつけない

家庭は、子どもが接する最初の社会。

成長していくにつれ、公園でのコミュニティ、保育園や幼稚園、小中学校、習い事や塾といった校外のコミュニティ、そしてバイトやボランティア・留学、就職……というように、より大きな社会に出ていくわけですが、そのすべてのベースを作っているのが家庭での人間関係、親子関係です。

「たかが家庭」「たかが家族」ということは決してありません。

そこできちんと言いたいことを伝えて理解されたか、相手を理解し受け入れることができたか、喧嘩しても仲直りできたか、協力できたか、といったことは、これから出て行く社会での人間関係の自信へとつながっていきます。

家庭で培った人間関係・信頼関係は、一生の基礎にもなります。

家庭で子どもの人間関係力を育てるには、子どもに家庭のなかでの「役割」を与えてあげることが大切だと言われています。

自分は役に立っている、助けてあげられている、自分が参加することでこのコミュニティが成立しているという気持ちは、無意識のうちに大きな自信につながり、将来、社会や自分の家庭において積極的にコミュニケーションをとっていこうという意識につながります。

人間関係力を育てる1つの方法としてやってほしいのが、「お母さんの気持ちを話してみる」ということです。お母さんがいつ、どう感じるのかとか、どうしてくれると嬉しい、どこで困っているとか。「子どもだからわからないだろう」と決めつけずに、子どもを頼れる存在として扱ってみてください。

そして「自分の素直な気持ち」を、子どもを信じて話してみましょう。

お母さんも、ひとりで抱え込んでいたことを話してみると、気持ちがラクになるかもしれません。

そして思っていたより、よっぽど子どもに理解力があって、お母さんを気にかけてくれていて、感情を共有できる力を持っていることに気づけることでしょう。

妹に手を焼く母の気持ちを理解した兄

わたしの講座を受講したあるお母さんが、こんなことを話してくれました。


上の子の卒園間近の3月、仕事や卒園式の準備で忙しく、ストレスとプレッシャーがかかっていた。

そんなとき、夫の数日間の出張が度々入るようになった。夫の力を借りず、ひとりで平日の夜をまわすことに慣れておらずアタフタ。

その状態のなか、きょうだいゲンカや、イヤイヤ期の下の子の主張にもつきあわねばならず、ストレスはマックスだった。

イライラして子どもに接するなか、上の子の「早くお父さんに帰ってきてほしい」のひと言に、**我慢の限界を超えてしまった。**

実は、それ以前から前触れがあった。出張のたびに、下の子に対して怒ることが多く、「出張が怖い」「お父さん行かないで」などと上の子が言っていた。

笑い流してはいたものの、「こっちはこんなに精一杯頑張っているのに……」というやるせなさ、悲しみ、苦しみが募っていた。

出張に行く夫への恨みも相当溜まっており、少し鬱っぽくなっていたのかもしれない。

そんななかの、「早くお父さんに帰ってきてほしい」というセリフ……。

「なにそれ！　嫌味なの。お父さんがいればいいんだね。もう出て行く！」

ドアを開け、家から出て行こうとしたら（玄関先で気持ちを鎮めようと思っただけだったのだが……）、上の子が大泣きしながら追いかけてきて、「行かないで！」とすがってきた。

子どもの泣き顔を見て、はっとした。子どもを追いつめるようなことだけは、絶対にしたくないと思ってきたのに……。

1カ月後くらいに上の子と二人きりになったとき、ポツンと「あのときあんなこと言われて、すごく悲しかったんだ。今でも悲しい」と言われた。

まだ小さいからと思い、今までは親の気持ちを話したことなどなかったが、自分も言われて悲しかったこと、そのときすごく疲れていたこと、出て行くつもりなどなかったことなどを率

直に話した。

上の子はそれを聞いて、「お母さんは、ぼくのことを嫌いになったわけじゃなかったんだ」と安心した様子。

「これから大変なときは手伝って。一緒に頑張ろう」と言うと、「頑張る」との返事。

それ以来、夫の不在時に下の子がごはんを食べなかったりわがままを言うと、「ぼくが食べさせてあげるよ」と、サッとやってくれる。

子どもに気持ちを話してもいいんだな、頼れるところは頼ってもいいんだな、そのほうが信頼感も生まれるのだなと思った……。

安心感も信頼感も生まれる

息子さんも、お母さんの気持ちが聞けて安心したのでしょう。

話してみないと、大人の抱える事情は子どもには推測できないもの。

自分の気持ちを共有して共感してもらうことで安心できるのは、子どももお母さんも同じですね。

家庭は最初に触れる一番小さな社会です。そして母親との関係が、生まれてから最初に作る人間関係。大切なのは、関係の立て直しができること。

この方のように、自分の気持ちを伝えることも、子どもが家族の気持ちを理解し共感して、自分が助けになれるとわかることも、健全なセルフイメージを作り上げて人との関係作りに自信を育むための第一歩になっていきます。

子どもの感情も あるがまま受けとめて

「悲しい」も「嬉しい」もひとつずつ学んでいくもの

人との関係作りは、自分の思いや感情を伝えてわかりあうという経験が前提になります。

しかし、「感情」というのは目に見えないので、わかってほしいと思っても、それをどうしたら伝えられるのか、子どもにとって最初は難しいものです。

それを伝えるには、その感情が言葉と結びついている必要があります。

子どもが喜んでいるときや泣いているときに、大人が「嬉しいね〜」「どうしたの？悲しいの？」と声をかけることによって、子どもは自分が感じている感覚が「嬉しい」

とか「悲しい」という言葉で表現されるんだと覚え、自分の感情を言葉とつなげることができるようになります。

とくに、「怒り」や「悲しみ」といった強い感情を感じたとき、子どもは自分の体のなかに感じたことのない〝ざわざわした感覚〟が走ってパニックになることもあります。

そのとき、その変化に大人が気づいて「怖かったのね」「悔しかったのね」と言葉に置き換えてあげないと、子どもはその〝ざわざわした感覚〟が何であるかがわからないままになってしまいます。

感情は言葉と結びつくことによって、人に伝えることができるものになり、自分の感じている感情を人と共有することができるようになります。

この「感情に名前をつける」ということによって感情が整理でき、「自分の感情が人に伝えられるものになる」ことを「感情の社会化」と言います。

怒りも大切な感情

子どもも大人と同じように、ポジティブな感情だけでなく、ネガティブな感情もごく自然に持ちます。当然、怒ることも嫌がることも泣きわめくこともあります。

成長過程においては、すべての感情が大切なのです。

でもそこで、もし日常的に「怒らないで！」「泣かないで！」「グズグズ言わないで！」と繰り返し言い続けられると、どうなるでしょう？

まだ柔軟な子どもは、その「感情を感じないように」必死に我慢します。

そうすれば、それ以上怒られませんし、何よりそうすることで、親の期待に応えられるから。

しかし、自分のなかに生まれた感情をなかったことにしたり、そう感じる自分を否定していくと、感じているネガティブな感情はそのまま残って、混沌として整理できないまま置き去りにされてしまうことがあります。

お母さんに目を向けてもらえなかった感情です。

子どもの体も頭も成長していくのですが、その置き去りにされた感情だけが成熟しそびれて、大人になっても、子どものときに抱えたまま、その感情から抜け出せなくなってしまうことがあるのです。

感じてしまう自分がいけないんだ、この感情は感じてはいけないんだと自己否定したり、それを感じることに罪悪感を伴ってしまうのです。

お母さんが子どもの「悲しみ」や「恐怖」「不快感」など、ネガティブな感情を見ないようにすることは、子どものその感情が社会化しないことになります。

まずは「そうね」と受け入れる

人の気持ちがわからないことで起こるコミュニケーション能力の問題。幼少期に見落としたものが顕在化するのは、思春期以降がほとんどです。

うまく気持ちを伝えられないことで、人間関係にストレスを感じたり、交友関係に自信を失ってしまったり、大人になってなお、感情表現の問題で苦労している人は多くいます。

感情表現の力を育てるためには、子どもの感情がきちんと言葉とリンクする機会を増やすことと、子どもがどんな感情を抱いたとしても、それが否定されない経験が大切です。

たとえば、子どもが「これほしい」と言ったとき、「ダメよ、そんなのいらないわ」「なんでそんなのがほしいの？」と親から言われては、ほしいと思う自分を否定されていると感じてしまいます。

一方で、「いいわね。それ、かわいいわね」「でも必要かどうかもう一度考えてみましょう」と言われたら、「いいな、ほしいな」と思った自分の気持ちは肯定されます。買わないという判断をしたとしても、ほしいと思った気持ちは否定されていません。「かわいい」と思うことと「買う」かどうかは、別のこと。「かわいい、ほしい」と思った子どもの気持ちを共感してあげることで、子どもの自己肯定感は守られます。

子どもが感情をぶつけてくるとき、大人は一足飛びに「その結果の行動」（つまり、買う必要があるかどうか）を判断したくなりますが、子どもには、その前に、感じているものをそのまま受け入れられてこそ、次の行動を考えられるのです。

否定され続けて育てられた子どもは、どう成長していくと思いますか？

「自分はダメな子なんだ」と極度に自己評価が低くなったり、「誰も自分をわかってくれない」と孤独感の強い子に成長してしまう危険があります。

子どもがやさしい子に育つには、自分自身がやさしく扱われることが必要です。

お母さんも自分の気持ちを大切にし、子どもの気持ちも否定しないコミュニケーションを心がけたいですね。

かわいい〜 ほしい〜
いらない おうちに いっぱいある
かって かって〜
いらない いらない おなじようなの いっぱいある
あら〜 これ いいわ〜
いらない いらない おなじようなの いっぱいある

幼少期から大切にしたいアンガーマネジメント

怒りや不安に落ち着いて対処できるように

「子どものかんしゃくに手を焼いています」

「子どもが感情コントロールできなくて困っています」

「なんとかならないものでしょうか」

「怒りっぽいのは生まれつきなんでしょうか」

と、ほとほと疲れ切って「うちの子をなんとかしたい！」と言って講座にいらっしゃるお母さんはたくさんいます。

子どもの感情コントロールがうまくできていないかも……と親が不安に思うのは、2歳のイヤイヤ期から。子どもによっては9、10歳頃～思春期に入ってからのこともあります。

でも実は、子どもが感情コントロール力を自然と身につけるのは、もっと早い時期から始まっています。

子どもの感情コントロールを考えるうえで、お母さんが忘れてはならないのは、乳幼児期に自然と身につく制御力・自制心です。

乳幼児が怒りを感じているとき、その源となる「嫌だ」「怖い」「不快だ」「痛い」といった第一次感情が体にあふれ、自分ではこの感覚がなんなのかわからず、パニックになっています。まさに危険にさらされている感覚です。

子どもは安心・安全を失いそうなときに、大人よりいちだんと動物的に怒りを感じます。そういったときに、お母さんがその感覚を理解し、その感情が何であるか名前をつけて声がけして、抱きしめてあげることで、子どもは「ネガティブな感情にさらされていても安全でいられる」という安心感を体験します。

つまり「怒り」も、お母さんの安心・安全で包まれることで「持っていても安全な感情」として落ち着いて受け入れることができ、自分でコントロールができるものになっていきます。

制御力・自制心は、このような乳幼児期の経験から自然と身についていくものです。

悲しみ、恐怖、不安、痛みを抱えたときに、子どもが思う存分泣いて、怒りにつながるこれらの第一次感情を自然と鎮静できるようにするためには、安定した親子関係が重要になってきます。

そういった安定した関係のなかで「愛着」を重ねることで、感情制御の脳の機能がバランス良く育っていき、ゆくゆくは成長して年齢相応の理性的な制御力をも発達させていくことができるようになります。

怒りも、不安も、恐怖も、誰かに「守ってもらえる」という安心感によって安全に取り除けた経験があるから、落ち着いて対処ができるわけです。

これだけは教えておきたい

では逆に、誰にも守ってもらえない環境で育つとどうなると思いますか？

「自分で自分の身を守らなければいけない」ので、本能的に自分を防衛するようになります。

つまり、「闘争モード」のスイッチをすぐに自分で入れてしまうようになります。

大人でも、子どもでも、怒りを止むを得ず爆発させてしまうこともあるでしょう。

でも、たとえ感情的になってしまったにしても、気をつけたい「怒るときの3つのルール」があります。

「人を傷つけない」「自分を傷つけない」「ものを壊さない」です。

●人を傷つけない

子どものかんしゃくや態度が目に余って、言っても言っても聞かないとき、つい手をあげたくなってしまうことがあるかもしれません。

でも、叩く・蹴るという行為は怒ったときでも絶対してはダメ。

子どもが暴れてお母さんを叩いてきたときなど、つい子どもの手や足をつかんで感情的に「痛いじゃない！」とやり返したくなってしまうことがあります。

叩かれた人の痛みを知ってほしくてやり返すのでしょうが、それは、決していい方法ではありません。

子どもがお友達に同じことをすると考えたら、どうでしょう？

「仕返ししならいい」ということはありません。できることなら、「叩くと痛いから、やめて」と言葉で伝えるようにしましょう。

「人を傷つける」の要素のなかには、言葉の暴力も含まれます。

言葉によってつけた傷は、体の傷より治りが遅いとも言われます。そして残念なことに、傷つけたほうは、あまり覚えていないことも多いのです。

● 自分を傷つけない

子どもの場合は、自分をつねったり顔を叩くとか、思春期に入ってからの自傷行為などもあります。

でもそれだけではなく、目に見えないものもあります。

「自分はダメな子なんだ」「悪い子なんだ」と思い込んでしまうとか、「自分なんていないほうがいい」「自分は愛されていない」と思ってしまうことなどです。

日本人は自己肯定感が低いと言われますが、まさに**自分を責めてしまうことで自分の存在を自分で認めてあげられなくなってしまう**状態です。

それは、お母さんにも言えること。

反省を通り越して自己否定してしまったり、罪悪感に押しつぶされてしまったり。激しい自己嫌悪、自分をダメで無能な母親だと思ってしまうことも、自分を傷つけていることになります。

あるいは先にもお話ししたように、自分の感情に蓋をして我慢をしすぎることも同じです。そうすることで、体調を壊すこともあるのですから、自分を傷つけていることになります。

ものを壊さない

ものを壊してスッキリする怒りの発散法は、**どんどんエスカレートしていく**、ということがわかっています。

怒りを感じたときに、ものを壊さないと気が済まないという人は、エスカレートしていく前に、第3章でお伝えした「イライラ・怒りをコントロールする方法」を駆使して、方向転換を図るようにしましょう。

子どもにも「怒っちゃダメよ」と言うより、「怒りたくなったらルールを守ろうね」と言って、お母さんと一緒に取り組んでほしいと思います。

怒ってもいい。目の前の不快を取り除くために、嫌なことを嫌だと言ってもいい。でも、周りの人達との関係を維持して、自分が幸せであるために、この3つのルールは覚えておいてくださいね。

親にしか与えられない一生の財産

大人は、怒りにのまれて後悔した経験があるからこそ、アンガーマネジメントが必要だと思うので、何をするにしても、まずは思考や理論から入ります。

でも、後悔するような経験をする前に、乳幼児期の「愛着」から自然と感情コントロールの力を身につけることができるなら、それに越したことはないと思いませんか。

もし乳幼児期はもう過ぎてしまった、という場合も大丈夫。遅くはありません。

アンガーマネジメントスキルによって、今から感情コントロール力を伸ばすことはいくらでもできます。

お母さん自身が衝動を抑え、怒りにつながる第一次感情に目を向け、怒りに対処しているところを見せていくことで、子どももそれを学習します。

子どもが手元にいるのは、ほんの数年〜10数年。

学校や部活動、塾などが忙しくなっていくと、一緒に過ごす時間も親の影響力も少なく小さくなっていく一方です。

そう考えると、親子の信頼関係を築ける時間というのはとても短いもの。勉強や英才教育など教えたいことはあふれていることと思いますが、親にしか与えられないものもあります。

子どもの感情を育てることもその１つでしょう。

自分の感情を大切にされることで、自己肯定感も高まります。

また「心の回復力」「耐久力」とも言われるレジリエンス（resilience）にもつながります。

感情が安定すること、周りの人といい関係を築ける自信によって健全なセルフイメージが持てることは、将来、壁にぶつかったときにそれを乗り越えようとする力となり、抑鬱状態からの回復力を高めます。

怒りは生活から喜びを奪います。

自分の感情、怒りや苛立ち、不安、恐怖、ストレスときちんと向きあい、適切な対処の仕方を身につけることは、子どもが本当の意味で幸せに生きていくための大きな財産になるでしょう。

参考文献

・『アンガーマネジメント入門』
安藤 俊介 著（朝日新聞出版）

・『ちゃんと泣ける子に育てよう』
大河原 美以 著（河出書房新社）

・『怒りのセルフコントロール』
マシュー・マッケイ、ピーター・D・ロジャーズ、ジュディス・マッケイ 著、榊原 洋一、小野 次朗 監修、新里 健、足立 佳美 監訳、坂本 輝世 訳（明石書店）

・『アンガーマネジメント11の方法』
ロナルド・T・ポッターエフロン、パトリシア・S・ポッターエフロン 著、藤野 京子 監訳（金剛出版）

・『子どもの感情コントロールと心理臨床』
大河原 美以 著（日本評論社）

・『毒になる親』
スーザン・フォワード 著、玉置悟 訳（毎日新聞社）

・日本アンガーマネジメント協会講座テキスト
（一般社団法人 日本アンガーマネジメント協会）
https://www.angermanagement.co.jp

【著者略歴】

篠 真希（しの・まき）

一般社団法人日本アンガーマネジメント協会1期生。

アンガーマネジメントシニアファシリテーター。

National Anger Management Association（米国）Certified Anger Management Specialist Ⅰ。

大学卒業後、総合商社秘書室勤務。その後7年にわたる海外での子育て経験を経て、アンガーマネジメントを学ぶ。日本で初めて「母親のためのアンガーマネジメント入門講座」を開催。キッズ向けプログラムの開発、キッズインストラクター養成講座の立ち上げに携わり、全国各地で指導者を育成。

著書に『イラスト版子どものアンガーマネジメント：怒りをコントロールする43のスキル』『ママのアンガーマネジメント：子育てのイライラスッキリ！ 8つのマジック』（ともに共著。合同出版）がある。

ブログ 「A Guardian Angel」
http://ameblo.jp/aguardianangel/

子育てのイライラ・怒りにもう振り回されない本
——お母さんのためのアンガーマネジメント入門

2017年4月23日　第1刷発行

著　者 —— 篠 真希
発行者 —— 徳留 慶太郎
発行所 —— 株式会社すばる舎
〒170-0013　東京都豊島区東池袋3-9-7 東池袋織本ビル
TEL　03-3981-8651（代表）
03-3981-0767（営業部直通）
FAX　03-3981-8638
URL　http://www.subarusya.jp/
振替　00140-7-116563

印　刷 —— 中央精版印刷株式会社

落丁・乱丁本はお取り替えいたします

ISBN978-4-7991-0601-3